长治市委宣传部"浊漳流馨"系列丛书重点资助项目

浊漳河流域民间信仰的生成路径及其泛众化研究

The Generate Path and Spreading of Folk Belief in Zhuozhang River Area

段建宏 著

中国社会科学出版社

图书在版编目（CIP）数据

浊漳河流域民间信仰的生成路径及其泛众化研究 / 段建宏著.
—北京：中国社会科学出版社，2020.5
ISBN 978–7–5203–5948–1

Ⅰ.①浊… Ⅱ.①段… Ⅲ.①信仰—民间文化—研究—山西 Ⅳ.①B933

中国版本图书馆 CIP 数据核字（2020）第 022795 号

出 版 人	赵剑英
责任编辑	宋燕鹏
责任校对	冯英爽
责任印制	李寡寡

出　　版	中国社会科学出版社
社　　址	北京鼓楼西大街甲 158 号
邮　　编	100720
网　　址	http://www.csspw.cn
发 行 部	010–84083685
门 市 部	010–84029450
经　　销	新华书店及其他书店
印　　刷	北京明恒达印务有限公司
装　　订	廊坊市广阳区广增装订厂
版　　次	2020 年 5 月第 1 版
印　　次	2020 年 5 月第 1 次印刷
开　　本	710×1000 1/16
印　　张	13
字　　数	206 千字
定　　价	78.00 元

凡购买中国社会科学出版社图书，如有质量问题请与本社营销中心联系调换
电话：010–84083683
版权所有　侵权必究

丛书总序

茹文明

浊漳河是长治的母亲河，是长治境内一条主要河流。"上党诸水，以漳为宗。况今合卫北流，直达天津。国家漕储四百万，赖以接济灌输。其功匪细。"[1] 浊漳河流经长子县、潞州区、屯留区、和顺县、榆社县、襄垣县、武乡县、黎城县、潞城区、平顺县、涉县等十一县（区）[2]，自古以来就是运输、灌溉的重要依赖，成为民众生产生活、思想文化、精神寄托的重要来源，为这一区域民众带来了巨大的便利，是民众生活不可缺少的组成部分。史籍称"浊漳自鹿谷发源，东流，经县治南，又东入长治界。折而北，经屯留、潞城界，入襄垣。至县治东北隅，又折而东，入黎城界。掠潞城之北，东入平顺界。出太行，达河南彰德府界"[3]，清漳"出上党沾县大黾谷"，至河北涉县合漳村与浊漳合流，最后入海河，汇入渤海。

浊漳河有三个源头。南源之房头村，位于发鸠山脚下。据史籍记载："发鸠山，在县西五十里。《山海经·神囷之山》：'又北二百里曰发鸠之山。其上多柘木，有鸟焉。其状如乌，文首，白喙，赤足，名曰精卫，其鸣自詨，是炎帝之少女，名曰女娃。女娃游于东海，溺而不返，化为精

---

[1] 顺治《潞安府志》卷一《天文志·地理二·山川》。
[2] 长治市行政区调整方案于2018年11月得到国务院批复，撤销长治市城区、郊区，合并设立长治市潞州区；撤销长治县，设立长治市上党区；撤销屯留县，设立长治市屯留区；撤销潞城市，设立长治市潞城区。本丛书在编纂过程中，正值区划调整之时，部分作者为了叙述方便，仍有使用原区划名称之处。如有不便阅读之处，敬请见谅！
[3] 顺治《潞安府志》卷一《天文志·地理二·山川》。

卫，常衔西山木石以堙东海。'漳水出焉，东流注于河。"① 浊漳西源之漳源村，位于沁县"西北三十五里，……有泉汇为巨浸，东南流至镇与花山水合，故是镇一名交口，南行会北河，固益诸溪涧水，其流益大，至州城北郭外，小河水入焉。又一里经州城西郭，澄清、赤龙二池水来注。又南流二十里合后泉水，又三十里至万安山之北，会铜鞮水，是为本州诸水总汇之处，东南入潞安府襄垣县界"②。浊漳北源发源于和顺县八赋山西麓，"名小漳水，流经榆社县，合黄花岭水，至武乡县西五里合涅水，至襄垣县东北合浊漳"③。至此，浊漳河干流始全部形成。

据考古资料显示，浊漳河区域新石器时代中期已有人类活动遗迹。武乡县石门乡牛鼻子湾发现的石磨盘和石磨棒被认为是磁山文化的遗物，其他类型的文化遗存亦为数不少，"据粗略统计，该地区发现并见诸报道的仰韶文化遗存地点有38处，庙底沟二期文化地点52处，龙山文化地点56处"④。夏、商以来的遗址、遗物更是屡见不鲜，成为这一区域最早人类生活的见证。

在先民的生产、生活过程中，在人们与大自然交流、合作的过程中，产生了大量优美的神话、传说、故事。神农稼穑自古流传，各地至今仍保存有炎帝庙宇、碑刻。其女名曰精卫，自小于东海游而不归，后发誓填海，故事情节凄婉动人，表达了人们向自然作斗争的决心和勇气。后羿射日的故事也流传于屯留、长子等地。在平顺县浊漳河畔流传着大禹治水的故事，后人为了纪念大禹的功劳，修建了庙宇，至今仍得到人们的祭奉。牛郎织女的故事亦在沁县一带长久流传。"太古前，里池头村有柴氏兄弟同爨业耕。一日弟往田，牛忽作人言，言其兄嫂饮食事，弟讬取农具往瞯之，三往三验。已而兄弟将析居，牛谓弟曰：'尔若得我，必济于尔。'其弟果得牛，牛曰：'七月七日有仙女解衣来浴池中，尔于第七女衣试藏之，

---

① 嘉庆《长子县志》卷二《山川》。
② 乾隆《沁州志》卷一《山川》。
③ 民国《和顺县志》卷一《山川》。
④ 中国国家博物馆、山西省考古研究所、长治市文物旅游局编著：《浊漳河上游早期文化考古调查报告》，科学出版社2015年版，第4页。

即尔妻也。'竟如其言，产男女各一。后女求衣，问牛，弗许。恳之再四，得衣而去。其夫乘牛往逐之，女取钗画地成河，遂不得度。女曰：'吾上方织女星也，今与尔缘断矣。欲再会，必来年七夕。'至今河池尚有遗迹。"① 襄垣、武乡、黎城、长治等地流传的昭泽王的故事，则更是本地域具有特色的民间信仰，有较强的生命力与吸引力。这些故事在历史的传承中逐渐沉淀下来，成为人们心灵上的承载，成为人们至今思索生活、探索人生的思想来源。丰富的历史资料，为人们解决问题提供了源源不断的思想资源。

这些故事涵盖着民众的愿望，他们将自己的认识融于故事一代一代流传下来。其中既有他们的畏惧，亦有他们的期望。还有大量的仪式与民俗，至今仍影响着民众的生活。并且成为他们丰富的精神财富，成为他们劳作之余的放松。在这些仪式中，民众通过不断的交流与沟通，彼此之间的情感更加融洽，对故事的理解亦逐渐深入，甚至成为生活的重要组成部分。吵吵闹闹、争争夺夺，既表明了他们在生活中的真实态度，亦透视着他们对未来的期许与向往。

人们生于斯、长于斯，用自己独有的表述方式记录下这些内容。方言，成为人们解读故事的基本工具，每一个音节的表达、每一个词语的流露，都体现出民众的心情。不仅如此，他们还将这些记忆通过碑刻的方式世代保存，流传至今，成为他们思想和意识最好的记载。使得这片土地上的文化有了生机，成为灵动的符号，随着滔滔漳河水日夜抒发。我们的任务就是要把它听懂，把它记载下来，不断传承，留给后人。

为了生活，民众在此聚居，修建了房屋、沟渠、庙宇，形成了鳞次栉比、错落相间的村落，分布于山间溪畔。啾啾鸟鸣、淙淙水声、花开燕舞，构成了浊漳河区域独特的民众生活画卷。一件件柱头斗栱，一块块木雕石舫，一幅幅牌匾楹联，一方方石刻壁画，无不展示了民众的思想和智慧。目前，长治市拥有国家级文物保护单位66处，在全国同级别行政区域中遥遥领先，吸引了众多的学者、游客。他们每每游历于此，不免感慨万

---

① 乾隆《沁州志》卷九《灾异》。

千，赞不绝口。这些既像淋漓酣畅的世外桃源，又是实实在在的生活过程。

20世纪30年代，日军发动了大规模的侵华战争，将中国人民带入了水深火热之中。中国军民同仇敌忾，与敌人进行了浴血奋战。就在浊漳河畔，义门、寨上、北村、砖壁、王家峪等成为八路军总部的驻扎地，指挥着华北的抗战。在这块土地上，不仅有硝烟弥漫、战火连天的战争景象，更有军民鱼水、互帮互助的动人情谊，故居、战场、纪念碑成为历史最好的明证。

新中国成立之后，浊漳河畔也成为社会主义建设的典型。一代劳模申纪兰、李顺达成为时代的符号，他们的精神一直激励着后人不断奋进，在改革开放的大潮中仍然砥砺前行。随着新农村建设的推进，乡村也发生了巨大变化，一批新的田园乡村、小康乡村纷纷展现在世人面前。悠闲舒适的田园生活、热情浪漫的时代村民招徕了远方观光的游人。

这些动人的故事、历史记忆、文化事象都需要我们不断传承。时代既然已将重任落在我们肩上，我们就有责任挑起重担，为传承浊漳河文明做出自己应有的贡献。

长治学院位于长治市区，距著名的漳泽水库不及10千米，林木荫茂，绿草丛生，长廊蜿蜒，小径幽深，万名学子，荟聚于此。多年来，我校一直坚持"质量立校、科研强校、特色兴校"的发展战略，于2002年成立了上党文化研究所，主要致力于区域社会的研究。2004年升本之后，学校加大了对科研方面的投入，并予以政策支持。先后成立了赵树理研究所、方言研究所、太行山生态与环境研究所、彩塑壁画研究所、比较政治与地方治理研究所等多个科研机构。2010年12月，在山西省教育厅的大力支持下，成立了山西省高校人文社科重点研究基地"太行山生态与旅游研究中心"，这既是时代赋予我们的机会，亦是我校学科整合的重要手段，表明了我们在科研上不断追求进步的信心和决心。

随着我省对高校建设的重视，开始实施"1331"工程。我校在此政策的推动下，结合我校实际情况，逐渐出台了校级"1331"工程建设规划。2016年，正式启动"浊漳流馨"丛书计划。这一套丛书的撰写，是我校多年来学科整合的结果，是多年来科学研究方向的凝练，是众多教师发挥大学功能、理论联系实际的重要结晶。该丛书本着"立足浊漳河、放眼太行山、挖掘大文化、服务新时代"的宗旨，充分发挥人文社会科学的作用，为当地经济社会发展做出应有的贡献。同时，亦向社会表明，我校教师不仅重视学术研究，更关注服务社会，在这一亩三分地上，我们要做好自己的工作，要向社会负责。

"浊漳流馨"丛书撰写工作，是一个系列工程，我们计划每辑五本，不断推出新的成果。我相信，长治学院及长治学院人，有能力将此项工作不断传承下去，在区域社会研究中略尽绵薄之力。

（作者系长治学院院长、太行山生态与旅游研究中心主任）

目 录

绪 论 …………………………………………………………（ 1 ）

第一章 神话人物：灵湫信仰 ………………………………（ 13 ）
  第一节 神农神话在上党 ………………………………（ 13 ）
  第二节 从女娲到浊漳源神 ……………………………（ 26 ）
  第三节 灵湫信仰的生成与传承 ………………………（ 39 ）

第二章 传说人物：昭泽王信仰 ……………………………（ 55 ）
  第一节 焦公故事及解读 ………………………………（ 55 ）
  第二节 昭泽王信仰的功能及其意义解读 ……………（ 72 ）
  第三节 昭泽王信仰的记忆 ……………………………（ 80 ）

第三章 历史人物：李卫公信仰 ……………………………（100）
  第一节 李卫公信仰的生成与发展 ……………………（100）
  第二节 李卫公信仰的仪式 ……………………………（118）
  第三节 李卫公信仰的宗族化 …………………………（125）
  第四节 华北宗族与民间信仰：基于李卫公信仰之上的分析 …（134）

第四章 泛众化：民间信仰的生成路径 ……………………（151）
  第一节 庙宇、碑刻对民间信仰的记忆 ………………（151）
  第二节 传说、故事与民间信仰的建构 ………………（161）
  第三节 仪式对民间信仰的传承 ………………………（176）

参考文献 ……………………………………………………（186）

后 记 ………………………………………………………（196）

绪　　论

浊漳河是长治境内一条主要河流，自古以来就是运输、灌溉的重要载体，是民众生产生活不可离弃的组成部分。在晋东南区域一直承担着重要的社会功能，与沁河一起成为当地亮丽的风景线。

一　浊漳河区域概况

浊漳河共有三个源头，北源发源于榆社县大牛村，西源发源于沁县漳源村，南源发源于长子县房头村。南源与西源在襄垣县甘村汇合后，至襄垣县小峧村与北源汇合，因此，小峧村有"三源合流"之美誉。

浊漳河流经长子县、潞州区、屯留区、和顺县、榆社县、襄垣县、武乡县、黎城县、潞城区、平顺县、涉县等十一县（区），主要在长治市辖区内，成为长治民众生产生活、思想文化、精神寄托的重要依靠，为这一区域民众带来了巨大的便利。

在先民的生产、生活过程中，在人们与大自然交流与合作的过程中，产生了大量优美的神话、传说、故事，并且在历史的传承中逐渐沉淀下来，成为人们心灵上的承载，成为人们至今思索生活、探索人生的思想来源。丰富的历史资料，为人们解决问题提供了源源不断的思想资源。

在远古时期，逐水草而居是先民的生活方式，河流两岸成为重要的文明起源之地。进入文明时期，河水一直人们生活的依赖，与水相关的文化由此形成。本书以民间信仰入手，重在探讨浊漳河流域的特色民间信仰，主要包括灵湫信仰、昭泽王信仰、李卫公信仰，他们不仅可以保障民众的安全，而且成为民众度过灾难的技术支持与心理抚慰。

民众在生产、生活过程中，在与自然交融的过程中，不仅充满了敬仰，也充满了畏惧，这两种思想成为民众脑海中重要的两种来源，也成为民众思想信仰的重要组成。与民众信仰相关的主要是传说故事、庙宇、仪式，这些资源在浊漳河流域分布广泛，成为我们研究的基础，也成为此区域内民众长期传承的重要文化资源。

在此区域流传较早的传说故事是关于炎帝的活动。至今在潞州区、上党区、长子县等地分布着大量的炎帝庙宇，成为神农炎帝在上党的重要支撑。除此，还有炎帝后裔，亦与本地产生了不可分割的联系，本书所涉灵湫信仰即是炎帝的女儿。炎帝的主要活动区域在羊头山一带，因此，其女儿女娃的故事便由此开始。炎帝女儿与水相关，"东游至海溺死"，因此发誓填海。其后逐渐在民间进行演绎，便产生了三公主传说。三公主法力无边，为民众带来了便利，得到民众广泛信仰，在浊漳河上游形成了灵湫信仰。

在浊漳河中游，盛行昭泽王信仰。据说昭泽王为唐懿宗（859—873年在位）时人，因得神人指点，自小便熟读道教经典，因此法力无穷，能够驱龙祛怪，兴云降雨。死后得民众祭奉，被国家封为昭泽王，成为此一区域独特的昭泽王信仰。尽管民间传说有板有眼，各种史籍记载不辍，但是我们仍难将其当作信史，而只能将其作为传说故事。并且，其传播范围主要限于浊漳河中游。

李卫公信仰是浊漳河下游重要的民间信仰。李卫公为历史人物，即唐时李靖，在唐太宗时期为唐帝国疆域的拓展以及边疆的稳定立下了汗马功劳。唐玄宗时期将其与开国将领共二十四人祭于凌烟阁，得到国家祭奉。其后，李靖的故事开始神化，渐传渐多，渐传渐广，尤其是李靖代龙母行雨之故事，更使李靖神性增添不少，也使得李靖从保家卫国之战神成为降雨之雨神。然而，李卫公信仰在浊漳河流域传播过程中，还融入了宗族的因素，使宗族信仰与民间信仰结合起来，成为民间信仰泛众化的又一表现。

本书所取的三个民间信仰，均为浊漳河流域重要而独特的民间信仰，是与此一区域之地理、历史、风土联络有致的文化现象。在历史发展过程中，他们不断融入新的元素，使得这一文化现象逐渐渗入民间社会，愈积愈深，成为理解与分析此一区域特征的重要内容。

二 浊漳河区域民间信仰研究现状

近年来,浊漳河区域民间信仰得到了学术界的广泛关注,许多学者将目光定格于此,运用历史学、人类学、社会学、建筑学等相关理论、方法进行研究,取得了不少成绩。

朱文广认为"民间信仰是理解中国民众思想、生活的一面镜子",通过对庙宇、仪式、群体的研究,可以使我们深刻理解区域文化的特点,理解历史时期民众的思想。在晋东南区域,以村社庙宇和祭祀为核心的民间信仰既内容丰富又有内在逻辑,它是在各个群体的共同努力下得以建立并维护的,村落庙宇体现了等级划分及功能配合的原则。在村际关系中,以庙宇为中心,形成了一村独赛、联村共赛、多村转赛等赛社仪式,这一模式并非是简单地围绕同一庙宇展开的同心圆模式,而是一种相互交叉的网络形式。进而,乡村庙宇与祭祀活动体现了诸教混融以及民众信仰与思维的多样性现象。在这些活动中,社首、水官、乐户、阴阳、马匹等作为神灵的代言人,进一步促成了这些活动的正常进行。① 宋燕鹏主要关注唐宋元时期民间信仰的形成与演变。他认为唐代以前,南部太行山区民间祠神信仰并不兴盛,进入唐代,凭借巫觋群体,各类祠神信仰才如雨后春笋般迅速发展,逐渐填补了晋东南民众的信仰空间——自然神被普遍人格化,上古帝王也得到重新演绎。在信仰兴起和传播过程中,主要因素是神灵的灵验频度和程度,每座祠庙多为一定范围内的村落所共同信奉,构成了祠庙信仰分布的日常模式。地方耆老和士人共同参与,对地方文化资源进行不断整合,并由此巩固了地方心理认同。② 姚春敏关注的重点在清代乡村基层组织——社,她不仅论述了庙宇的分布、种类、社庙与村落的关系,而且论述了社的发展演变、社界、规模、社首、社的职责。社首以及与此相关的乡约、会首纷纷参与神灵祭祀,在乡村社会中起到了重要作用。尤其是迎神与祈雨,集中体现了"社"对聚落的管理,跨村际的仪式又同时

---

① 朱文广:《庙宇·仪式·群体:上党民间信仰研究》,中国社会科学出版社2015年版。
② 宋燕鹏:《南部太行山区祠神信仰研究:618—1368》,中国社会科学出版社2015年版。

能够反映出不同区域的"社"在社际交往中的权力斗争。①

除了这些综合性的研究以外，更多的学者将目光关注在民间信仰的个案研究方面。

（一）二仙信仰

二仙信仰的发源地在壶关县、陵川县、泽州县、高平市，目前保存下来多通五代、宋、金时期的碑刻，为我们展现了二仙信仰的兴起与发展过程。宋燕鹏从探讨二仙信仰之源入手，认为从唐末到宋真宗时，壶关县一直坚持二仙为仙女，并且在北宋增加了采药深山、服药成仙的内容。陵川县则依然沿袭壶关县最初所刻画之仙女形象，只是稍加演绎。在对此过程进行分析时，我们发现，巫女是一个必不可少的角色。通过降神和求雨，巫女确立了二仙在民众心目中的地位。地方官员对二仙的关注度不断增加，进一步提高了二仙在当地民间信仰中的认可度，并促使二仙信仰成为区域著名信仰。这成为区域信仰形成的重要路径。② 二仙信仰形成以后，其祭祀仪式不断丰富，并成为推动二仙信仰传播和扩大的重要手段，仪式逐渐成为学者关注的对象。他们在研究后认为，祭祀仪式作为区域民众信仰生活的核心内容，是区域信众过去较长的历史时期内信仰心理的集中反映，信仰心理和行为是对自然环境和社会环境的曲折反映。因此，对二仙信仰的众多仪式表达了人们总是习惯于将美好的生活理想寄托于二仙，希望她们能为民做主或为民解难。为了取得预期的效果，信众还普遍采用巫和巫术的媒介手段来强化祭祀仪式的信仰意义，希望能得到神灵的福佑。③ 在对二仙信仰的研究过程中，相关的庙宇、舞楼也得到学者的重视，申轶群以山西壶关二仙崇拜为切入点，把相关的舞楼形制和赛社演剧作为主要研究对象，在进行田野考察的基础上，结合全面的文献资料，对具有强烈地域色彩的二仙信仰以及与此相关的庙宇舞楼形制和当地赛社民俗活动做了一个较为全面的研究和呈现。不仅考证了二仙剧场形制的演变，而且复

---

① 姚春敏：《清代华北乡村庙宇与社会组织》，人民出版社2013年版。
② 宋燕鹏：《晋东南二仙信仰在唐宋时期的兴起——以碑刻资料为中心》，《社会科学战线》2014年第11期。
③ 赵立芝：《山西壶关二仙信仰祭祀仪式研究》，硕士学位论文，山西师范大学，2012年。

原了壶关二仙庙祭祀活动的相关程序和基本内容，并从这些迎神赛社活动中提炼出当地的风俗现状。① 易素梅在综合前人研究基础之上，进一步将二仙信仰与宗教、家庙相结合，将关注重点扩大至女性群体，得出了新的观点。她认为，9—14世纪，国家在基层社会的统治日趋严密，乡村社会的首脑人物与官府、士人的互动更为频繁。一方面，"男外女内"的儒家观念深入基层社会，性别偏见存在于宗教活动与历史书写之中，女性的庙事活动信息大多被屏蔽，家事与庙事的衔接并不意味着基层社会不存在性别偏见，抑或女性可以轻易跨越内、外之间的阈限。另一方面，不仅女性参与庙事不是罕见的现象，而且她们的活动得到家庭与地方社会的普遍认可。在异族入侵之前的北宋时期，晋豫之交的乡村女性已经享受以个人、家庭或者结社等方式参与庙事的自由，这种自由不以新儒学的兴起而改变。②

（二）三嵕信仰

三嵕山神是先秦时期古人对山川自然神崇拜的结果，自唐代开始，华北地方神灵开始兴起，并且在宋金时期开始广泛传播。在传播过程中，自然神多被附会为上古历史人物，比如羊头山附会炎帝、灵湫神附会炎帝之女、阳城析城山神附会成汤、浮山附会女娲等等，这一附会过程开始于北宋，完成于金代。三嵕山神就在宋金之际被附会为后羿。在附会前后，三嵕山神也开始了传播的过程，晋东南民间信仰的传播大都受到了地理条件和交通条件的影响，很多产生于长治的神灵都选择了向南传播，甚至跨过太行山到达河南、河北境内。三嵕山神也是这股信仰传播潮流中的一支，只是推动传播的力量各异，传播的能量各异，传播的范围也就大相径庭了。③ 在三嵕信仰形成和发展过程中，逐渐与后羿射日的故事联系在一起。其故事形态、庙宇、祭祀仪式等不断渗入民众心里，在地域社会中具有一定的影响和意义。因此，考证后羿射日的故事与三嵕信仰之间的关系得到

---

① 申轶群：《山西壶关二仙崇拜与赛社演剧研究》，硕士学位论文，山西师范大学，2015年。
② 易素梅：《家事与庙事：九至十四世纪二仙信仰中的女性活动》，《历史研究》2017年第5期。
③ 宋燕鹏、何栋斌：《宋元时期晋东南三嵕山神信仰的兴起与传播》，《山西档案》2015年第1期。

了学者的重视,他们认为,后羿作为传说故事中的人物,人们逐渐将其神化,最终演变成为一个民间神。羿神信仰之所以能够在晋东南地区发展起来,并不是历史的偶然,而是晋东南地区特殊的自然环境和社会环境下的产物。作为三嵕信仰物质载体的"三嵕庙",不仅担当着沟通聚落居民联系以及聚落之间相互联系的角色,还是血缘关系、地域关系、宗教信仰、社会交往、风物习俗的物态载体,同时还在某种程度上制约着聚落形态的景观特色。为丰富民间百姓精神文明生活和信仰寄托提供了一个良好的场所。① 在对三嵕故事解读的过程中,学者逐渐注意到上层士绅与民间草根的认识对立。在碑刻的行文中,上层士绅对这个问题闪烁其词、吞吞吐吐、讳莫如深,这与下层民众近乎狂热的传说记忆和仪式活动,呈鲜明对比。近千年来,两者始终共存、发展。羿,虽被民众推崇,却始终不得士绅之心。作为有话语权的上层阶层,羿的行为与他们恪守的儒家价值观相悖,于是通过文字方式表达不满,甚至尝试通过改造庙宇方式进行消减和引导。但民众似乎并不在意羿的行为以及与后羿的区别,他们关注的是烈日炎炎下的农田,期待着有位勇猛的神灵能帮其消雹、降雨,痴迷地相信本地的神灵更有灵性。他们利用口耳相传的便利条件,有的放矢地展开了与精英阶层的对抗,通过在地化的神话改造,把羿打造成一个携带有宗族特征的自家之神。加之赛社活动的广泛参与,使得羿神信仰牢牢扎根此地。② 除此,乔苗苗、杜妮等也从三嵕神话演变、村际关系等方面进行了论述,使得三嵕信仰的地域性进一步突显。③

(三) 商汤信仰

在阳城县析城山至今仍保存有汤庙遗址,记载了商汤信仰最早在晋南的历史。而今分布于各地的商汤庙宇不下百余所,见证了商汤信仰在晋

---

① 王崇恩、段恩泽:《晋东南地区羿神信仰源起及神庙分布考》,《山西档案》2015年第6期。

② 王潞伟、姚春敏:《精英的尴尬与草根的狂热:多元视野下的上党三嵕信仰研究》,《民间文化论坛》2016年第5期。

③ 乔苗苗:《上党地区三嵕山羿神话传承流变考》,硕士学位论文,山西大学,2012年;李婷:《后羿:从民族神话中的射神到地方信俗中的水神》,硕士学位论文,温州大学,2017年;杜妮:《晋东南三嵕信仰与民间社会研究》,硕士学位论文,山西大学,2015年。

东南的特色。因此，有学者指出，殷商文化在晋东南积淀有丰厚的遗存，有丰富的文献资料、田野资料、考古资料所佐证，所以阳城县析城山圣王坪的"桑林祷雨"，就有着坚实的历史基础、社会基础、民俗心理基础。而晋东南非但在"邦畿千里"之内，离殷都偃师、安阳还不足400华里，可谓殷商核心文化地域的"近水楼台"，所以"桑林祷雨"在晋东南阳城有这样密集的传说与厚实的材料支撑就不足为怪了，这既是一种事理逻辑的必然，又是一个历史选择的必然。[①] 如今，阳城当地流传着很多关于汤王祷雨圣王坪、汤王祷雨桑林、汤王祷雨析城山、汤王洗脚池与圣泉传说、成汤妻子的眼泪汇聚成娘娘池等等，这些传说均围绕着阳城析城山展开，这也可以从一个侧面说明，析城山在阳城当地神圣的地位以及其在泽潞地区商汤信仰中的中心地位。官方的推崇与民间的敬拜使泽潞地区逐渐形成以析城山为中心的成汤祭祀圈。宋元以后，商汤信仰范围越来越大，延伸到山西东南部、河南西部等地区。为了进一步推动商汤信仰的发展，祭祀仪式逐渐形成并强化，其中焚巫尪就是古人求雨抗旱的一种非理性形式。虽然这些巫术并没有实际的经济价值，但在巫术背后却有着丰富的政治和社会意义。商汤通过祷雨活动，将政权与神权合二为一，不仅赢得了民众的支持，增强了各阶层的凝聚力，更是对灾难之下民心的抚慰，起到了维护社会秩序的作用。[②] 商汤信仰得到传承的表现之一就是大量的成汤庙的新建与重建。正是由于国家与基层民众对商汤信仰存在着一定的一致性，商汤信仰才在国家与民众的互动下不断发展。在千百年的传承过程中，商汤信仰的精神内核一直被上层统治者赋予"民贵君轻"的思想，救民于水火之中的高尚形象，与此同时，民众自发对商汤信仰祈雨、求平安的崇信是支撑起发展的主要因素。在国家和民众二者的共同影响下，商汤信仰得到了广泛的传播。[③]

晋东南古上党地区的成汤崇拜是现代社会里原始遗风犹存的特殊民俗文化，其表现形态是神庙群落众多，分布范围广泛，以阳城析城山为核心形成了一个"成汤祭祀文化圈"，包含着深厚的巫觋文化意蕴。这些丰富

---

① 王建堂：《"桑林祷雨"的生成机制及社会心理析》，《长治学院学报》2013年第3期。
② 卫崇文：《从焚巫尪看商汤祷雨的文化意蕴》，《长治学院学报》2013年第3期。
③ 白仁杰：《国家正祀与民间信仰——以商汤信仰为例》，《绵阳师范学院学报》2017年第4期。

的原始文化意蕴是以男权为主导的农耕文化的产物,其渊源却是对殷商先祖——母系氏族社会习俗的承续。段友文结合田野调查资料,以"成汤祷雨"为论述中心,探讨了成汤崇拜形成的深层原因及其丰富形态,认为研究成汤崇拜不应以现代国家行政区域划分的概念去诠释,而应以历史地理观念,把它置放到其产生形成的文化生态环境中去解读,方可接近其发生发展的真实状态。①

张蕾通过对商汤信仰的碑刻资料进行分析,论述了商汤作为雨神在阳城的兴起,以及之后在传播范围、庙宇建筑、神灵职能等方面的发展,并分析了传播过程中对当地人生活产生的影响。她认为,阳城在商汤信仰的基础上形成了商汤文化,包括信仰文化、神话传说、景点遗迹等元素。商汤为当地人提供了精神寄托之所,人们由此在遭遇困苦时获得精神慰藉,另一方面,在发展过程中过度崇拜商汤又导致奢侈之风盛行,给百姓生活带来了巨大压力,可谓正负作用兼具。同时高汤信仰在维护地方秩序中形成的机制值得当代社会治理借鉴。②

(四) 炎帝信仰

传统认为炎帝起源于陕西,然而在西汉以前的文献中找不到任何根据。相反,在先秦记载中,炎帝族的活动却集中于山西晋东南太行、太岳之间。姚佳昌通过田野调查的方式,考证了炎帝信仰与晋东南区域的密切关系。③ 更值得注意的是,在太行、太岳之间,至今遍布着与炎帝有关的传说和习俗。从地理生态环境考察,此地亦最具备炎帝尝百草、得嘉禾的条件,而其封闭的地理环境,亦是最佳的文明孵化场。因而先秦文献及今民间关于炎帝在晋东南活动的记载与传说,应当引起我们足够的重视。农业是文明之母,因此晋东南炎帝的传说与祭拜,对于华夏文明探源工作亦有着十分重要的意义。④ 在当地民众的眼里,炎帝为故里人,他们保持的

---

① 段友文、刘彦:《晋东南成汤崇拜的巫觋文化意蕴考论》,《中国文化研究》2008 年秋之卷。
② 张蕾:《阳城县商汤信仰及其社会功能研究》,硕士学位论文,山西师范大学,2017 年。
③ 姚佳昌:《晋东南地区炎帝古庙调查记》,《大众考古》2016 年第 4 期。
④ 刘毓庆、柳杨:《晋东南炎帝史迹及其对华夏文明探源的意义》,《晋阳学刊》2005 年第 4 期。

一些习俗也渗透和体现着炎帝农耕文化的遗风。透过传说故事，可以明确地体现出其史诗性、密集性、物证性的特点，很可能为原发地传说。因此，羊头山一带应曾是炎帝神农氏活动的栖居地，也是华夏农业文明的发祥地。当地许多民俗习尚、民俗标志物与炎帝传说相应合，加之全国罕见的密集的炎帝庙宇群落和有碑文为证的历代祭祀习惯，凸现出同炎帝的亲缘关系及非同一般的"谷神"崇拜意识，应为华夏农耕文明积淀层最深、最典型的文化类型。这些现象均表明，传说中的炎帝是一种演化了的民族文化符号象征，凝聚着民族向心力，也是民族认同的根与魂。①

诸多个案研究体现了学者对晋东南民间信仰的关注，梳理了民间信仰的生成以及在社会上的影响，为晋东南区域社会史的研究打下了深厚的基础。但是，仍有很多方面没有关注。其一，民间信仰的演变。即民间信仰如何与地域社会结合，形成具有一定影响力的信仰。其次，田野调查的研究方法究竟为民间信仰研究提供了怎样的效果。尤其是在田野调查的方法与民间信仰的关联上，更显现出较大的不足。笔者长期关注这片土地，以民间信仰为中心，走访了大量庙宇、村庄，采访了大量村民，并且以他者与外来者的双重身份参加了多种祭祀仪式，更能亲身感受民间信仰在民众心中的地位和影响。由此，本书从心理的角度对民间信仰展开研究，并试图回答历史学研究中的理论问题。

三 笔者的研究情怀

长期以来，笔者怀着深深的桑梓之情，带着浓浓的学者情怀，不断走向这片沃土，用学术理论与视野审视、打量每一座建筑、每一通碑刻、每一尊神灵、每一片村落，用心灵理解民众对这片土地的诉说，尽量使失声的民众有话语权。

田野调查，主要是增进对历史的感性认识，思考问题，解决问题。在田野中，我们都深深感受到了民众对民间信仰的依赖，感受到了民间信仰在乡村社会中的意义。每一个民间信仰都与村落有不可分割的联系，是长期以来民众对乡村历史的传承与延续，一座座庙宇，一座座宗祠，一间间房屋，一

---

① 侯文宜：《晋东南一带炎帝历史传说、民俗文化考释》，《晋阳学刊》2005年第5期。

条条道路，一棵棵古树，一幅幅画面，都是我们曾经的记忆，而此时，这些都随着人口的流出，随着岁月的剥离，逐渐淡出我们的视野，何处是乡愁？何处有记忆？面对这些文化裂痕，我们应该如何去保护我们的乡村？

在传统社会中，这些民间信仰、房屋建筑、砖木雕刻就是乡村社会的象征，是引起我们自豪与骄傲的情感底线，是我们魂牵梦萦的情丝，是联系我们感情的纽带。然而，今天这些已荡然无存，依赖物质形态而存在的文化因子已远离我们的生活，只剩下一具具干枯的"僵尸"。建筑只是建筑，雕刻只是雕刻，失却了文化的物质便不会流动，失却了文化的物质便没有了灵魂。一个乡村，没有了人便没有了气，没有了气便失却了传承的依赖。一座建筑没有了灵魂，没有了文化，只会随着时间的流逝而飘然远去。

在物质生产的发展下，民众的生活程度提高了，一排排整齐的高楼，一间间干净的房屋，一条条整洁的街道，展现给我们新鲜的气象。然而这些气象没有特色，没有回忆，没有牵动人们感情的琴弦，在这些光鲜亮丽的外表下，我们丝毫感受不到乡村独具的魅力。即使是这些高贵的物质，也留不住人们骚动的心，时时刻刻想着搬出乡村，走进城市。如果不是费用短缺，估计早已是人去楼空。

乡村领袖曾经是乡村社会的支柱。既为领袖，则必须具备高尚的道德，具有非同一般的人格魅力，具有公正无私的品行操守，具有协理六方的能力，更重要的是具有凝聚人心的气质。而今我们看到的却与此相悖，在乡村社会里已极少有如此之人。大都是忙忙碌碌，事不关己，高高挂起，没有更多的人愿意为乡村文化建设投入精力和时间。即使一些有心人，也只是做一些物质的事情。他们以为，只要将大街上、屋墙上、广场周围画上本地的人物、故事就是文化建设；让民众跳跳舞、扭扭秧歌就是文化建设；放几场电影、看几场晚会就是文化建设。殊不知，文化是凝聚于人心之中、带有历史传承的积淀，是一种割舍不断的情怀，是一种由内而外的物质表现。乡村文化的建设留给我们的只能是无尽的沉思。

在碑刻中，在与民众的交谈中，我们经常会遇到这样一些名词：社首、乡约，他们就是传统乡村社会的领袖，是乡村事务的主持者，是民众纠纷的调解者，是社会灾难的救助者，是历史文化的传承者，一代接一代，一门传一门，世无间隙地流传至今，然而这一切都成为历史，都成为民众美好的期望。

自新史学运动以来，人们对历史的功能、历史的研究方法、历史研究的目标等问题有了更新的认识。历史研究不仅要求真，更要求用。也可以说求真是历史研究的基本目标，是历史研究的起点，但要真正凸显历史的功能，更应该追求历史对个人、集体心理上的抚慰。如何才能做到这些？那就要求我们关注生活，关注现实，关注我们身边的人，带着博大的胸怀和深深的爱意，带着情怀去探究历史。如果缺失了这些，历史只能成为饭后的谈资，成为束之高阁的史料，成为社会精英品茶聊天的资本，成为权力者资治的借鉴。历史脱离了民众，脱离了基层，便会失去活力，失去精髓。这样的历史也只能越来越疏远生活，没有了色彩。

要使历史研究达到这个目标，就要走向田野，关注民生，关怀他人，了解底层社会民众所想，了解他们对文化现象的认识。文化不是精英独享的资本，不是精英占有的专利，有很多民众，他们尽管学识不多，受教育程度不高，但对问题的理解并不逊色，只是长期以来我们没有赋予他们理解的权力，学术的话语权被学术精英们霸占。了解了这一点，对田野调查的目的与功能便会有新的认识。故而，我们要走向田野，与民众交往，倾听他们的诉说，给他们表达意愿的机会，让他们享有解释的话语。如此，我们就能走下学术的高台，真正进入社会内部，自内而外理解历史。学界长期以来"走近（进）历史现场"的号召正是这种要求的集中体现。

当我们走向田野，我们是以他者的身份来了解民众生活，将自己置身于历史现场研究历史。因此，我们要将自己打扮成"无知者"，与民众进行交往，倾听他们的声音，表现出极大的谦虚和恭敬，去获得最真挚的感情。只有这样，才能拉近与民众的距离，解除他们心中的敬畏，消除他们对我们的敌意与排斥，讲出自己的真心感受，了解到历史事物在当事人心中的真正意义。否则，我们便很难得到历史真谛。

而同时，我们又是有着已有"视域"的知识人，有时候我们已有的观念常常会想当然，认为他们是错误的。带着这样一种思想去理解民众的感情有时会走向误区。回想自己当初对民间信仰的研究，一直是为学术而学术，是一种带着功利心的研究。用我们自己的价值判断与思维方式理解民众的行为，戴着一种有色眼镜与带有鄙视的心理关注民间信仰，因此束缚了自己的思想。但是当多年的田野经历之后，我渐渐从民众的表述中体悟到他们的内心，也逐渐改变了自己的固有观念。现在，我会站在他们的角度理解他们的思想和行为，有时会把自己扮演成一个行为者去理解民间信仰中的每一个问题。而今，我对民间信仰的认识，就是不把研究的对象当作"神"，"神"是我们研究的起点，"人"才是我们研究的目标。"神"是民众理解自己的一种思路与方式，是他们价值观、历史观、方法论的表现形式。基于此，我们才能树立民间信仰研究的起点，才能朝着正确的方向迈进，才有可能接近知识的真理。

但是，民众的认识也是被社会化、政治化了的认识。在田野调查中，我们也要进行自己的判断，要剥离出政治与社会的影子。而这又是何其困难？当我们问及民间信仰时，有些人会说"那都是迷信，你们问那有什么用"？也有一些人会默默地走开，甚至我们会遭受轻视、鄙夷的目光。遇到这些情况，要正确对待，所有这一切皆是我们研究的重要内容。我们有这样的基础和能力，因此我们要透过这些现象去作深入探究。

其实不仅是民间信仰，任何一种社会现象，都有其深厚的基础，这些基础在民间，在民众的日常饮食之中。正如明人王艮提出的百姓日用即道，李贽进一步发挥："穿衣吃饭，即是人伦物理；除却穿衣吃饭，无伦物矣。"① 我们目前的研究，如宗族、慈善、灾害等，均需走进历史现场亲身感受，只有带着情感的历史研究才最能接近历史的真相。也许有人会将这样一种研究方法认为是主观的体验，是一种没有标准的假设，但是反过来看，如此设定的标准难道不是研究历史的最高境界吗？

---

① （明）李贽：《答邓石阳》，《中国哲学史资料简编》，中华书局1968年版，第305页。

第一章　神话人物：灵湫信仰

距长子县城西20千米，有一处村落名曰房头村。村中有一庙宇，据庙内碑文记载，创建于宋政和元年（1111），明嘉靖年间（1522—1566）、清道光年间（1821—1850）均进行了重修。占地面积540平方米，坐西朝东，二进院落布局，现仅存正殿为清代遗构，面宽二间，进深二间，单檐歇山顶。庙内存明、清重修碑9通。这就是浊漳河南源的灵湫庙，主神称为三圣公主，也就是炎帝的女儿——女娃。每逢农历三月十八日有庙会，届时店上、看寺、东下郝等村都要举行祭祀仪式。

第一节　神农神话在上党

神农氏是上古神话传说之一，是关于中国农耕民族发展过程的重要记载。在传统的文献典籍中保存了大量关于神农氏的传说、故事，直到今天，仍然有许多人会讲述神农炎帝的故事。

一　早期史籍中的神农氏

有文字记载以前的史事一直是历史研究中争论的话题，早期先民的活动与生活方式在史学界成为一个重要的研究内容。以文字记载为主的史学研究与以口传、考古为主的史学研究成为历史研究的重要形式。无论怎样，它们都成为历史的重要组成部分。如今，我们已经承认了史前史的地位，承认了这段历史的客观存在。但是历来对这段历史的评论与分析就一直在持续与争论着。神农氏作为其中之一，也影响到今天（图 1-1）。

图 1-1　长治市老顶山炎帝像

先秦典籍中关于神农氏的资料：

《周易》系辞下第八："古者，包牺氏之王天下也，仰则观象于天，俯则观法于地，观鸟兽之文与地之宜，……于是始作八卦。……包牺氏没，神农氏作，斫木为耜，揉木为耒，耒耨之利以教天下，盖取诸《益》。日中为市，致天下之民，聚天下之货，交易而退，各得其所，盖取诸《噬嗑》。……神农氏没，黄帝、尧、舜氏作，通其变，使民不倦；神而代之，使民宜之。"

《竹书纪年》："少典之君，娶于有蟜氏之女，曰安登，生神农。三日而能言，七日而齿具，三岁而知稼穑。育于姜水，故以姜为姓。其起本于烈山，号烈山氏。其初国伊，又国耆。合而称之，又号伊耆氏。元年即位，居陈，迁曲阜。尊师受学，作五弦琴，作耒耜，教天下种谷。立历日，日中为市。辨水泉甘苦味，尝草木，作《方书》。建明堂，作《中天易》，有火瑞以纪官，命官他职，作《下谋》之乐。

时诸侯夙沙氏叛，不用帝命。其臣箕文谏而被杀，炎帝益修厥德，夙沙氏之民自攻其君而来归其地。于是南至交趾，北至幽都，东至旸谷，西至三危，莫不服从其化。"

《世本》："姜姓，炎帝神农之后。许、州、向、申、逢、吕、齐、纪、莱、薄、焦、戏、露、怡、厉。"姜氏，炎帝生于姜水因氏焉。列氏，古帝王烈山氏之后，子孙氏焉。郑有隐者列御寇。山氏，列山氏之后。缙云氏，姜姓也，炎帝之苗裔，当黄帝时（在）［任］缙云之官。封氏，炎帝之后。封钜为黄帝师，胙土命氏，夏封父侯国君也，今封邱是。神氏，神农之后。农氏，神农之后。

《山海经》卷一八《海内经》：炎帝之孙伯陵，伯陵同吴权之妻阿女缘妇，缘妇孕三年，是生鼓、延、殳，殳为侯，鼓、延是始为钟，为乐风。……炎帝之妻，赤水之子，听訞生炎居，炎居生节并，节并生戏器，戏器生祝融，祝融降处于江水，生共工，共工生术器，术器首方颠，是复土穰，以处江水。共工生后土，后土生噎鸣，噎鸣生岁，十有二。

从这些资料中，可以看出一个基本的争论，即神农与炎帝究竟是否为一人？田兆元、明亮在《论炎帝称谓的诸种模式与两汉文化逻辑》一文中辨析了炎帝与蚩尤、黄帝、神农等的关系，认为炎帝就是蚩尤，蚩尤与神农并列，但在时间上为后。炎帝与黄帝之争其实是汉代赤统文化与黄统文化之间的较量。并且指出，班固《汉书》对炎帝地位的恢复，并非层累地造成古史，而是对真实历史的客观记载。① 刘毓庆通过对先秦文献记载、当地习俗传说、地理生态环境的解读，认为炎帝与晋东南有不解之缘，炎帝的活动范围就在太行山与太岳山之间，而这一块正是晋东南的地理范围。② 此论虽然有一定道理，但用民俗现象来证明历史事实，似乎尚有欠缺，因为这些民俗事象以及地方志中的记载，大多属于明清时期，难以成

---

① 田兆元、明亮：《论炎帝称谓的诸种模式与两汉文化逻辑》，《华东师范大学学报》2007年第3期。

② 刘毓庆、杨柳：《晋东南炎帝史迹及其对华夏文明探源的意义》，《晋阳学刊》2005年第4期。

为古史研究的证据。四川大学周及徐在《"炎帝神农说"辨析》一文中指出，神农与炎帝为二，不能相混，二者所处的时代、重大的行为都相差很大，神农早于炎帝数百年，汉代刘歆塑造了炎帝神农说，以后混淆视听，影响数千年。① 龚维英指出，神农与炎帝并非一人，炎帝是与神农同时代的人，亦在发明农业方面做出了贡献，在先秦的诸多典籍中均未将二人分开，只是到了皇甫谧时，大造伪书，加上汉代开始的谶纬学说，才将神农与炎帝合而为一。②

在周及徐与田兆元的文章中，都有一个共同的指向，即汉代提出的太昊、炎帝、黄帝的世系，重视这一材料，也许能更进一步说明黄帝以前的关系。对三皇的说法，可以进一步厘正汉代人的一些观念，可以使上古史研究更加具有说服力，也可以进一步对神话传说进行解读，也是对上古神话传说的丰富与弥补。近代以来，袁珂、茅盾、顾颉刚等人都对神话作过不同的解释③，这些解释也都自成一派，为我们提供了更多的思路。当然，如果有新的考古发掘材料，自然可以使这些争端进一步丰富和充实。

对炎帝活动的时代、地域以及炎帝功绩的论述也成为学者研究的内容。他们运用考古资料论证了炎帝的活动区域，对当前的一些观点予以了驳斥，指出炎帝应该为南方人，虽然有一定的成绩，但很多研究仍处于猜测阶段，并没有足够的证据，也没有真正有效的史料与实物。④ 乡梓之情浓厚，固然值得肯定，但说服力却仍有欠缺。这类观点都从民俗角度对神话进行解释，可以说是一种研究视角，是一种文化阐释，但民俗活动只能说明一种文化现象，并不能成为历史事实考证的有力证据。民俗现象具有传播性、复制性，甚至是超越性，就像韩国、日本现在仍然保存了我国大量的文化现象一样，并不能说这些文化最初是在韩国、日本。

---

① 周及徐：《"炎帝神农说"辨析》，《四川师范大学学报》2006年第6期。
② 龚维英：《炎帝神农氏形成过程》，《华南师范大学学报》1984年第2期。
③ 参见袁珂《中国神话传说》，世界图书出版社公司2012年版；茅盾：《中国神话研究初探》（插图本），上海古籍出版社2005年版；顾颉刚：《古史辨》，上海古籍出版社1982年版。
④ 刘毅、周文杰、曹敬庄：《炎帝陵史籍之研究》，《湖南社会科学》2014年第2期。

除了历史学者,还有相关学科的学者也运用不同的学术理论、方法对炎帝进行探讨。林河运用符号学、民族学、考古学、民俗学、人类学、模糊语言学等学科的方法进行研究,认为炎帝生于距今 1 万年前,诞生于长江中游,其实就是现在的湖南境内,距今七八千年,逐渐向长江下游、向北扩展到黄河流域,4000 年前出现在陕西姜水一带,与黄帝同时代的炎帝,是炎帝向北迁的分支之一。① 这个观点与北方学者研究正好相反,他们认为炎帝最早兴起于长治,而后逐渐向南迁徙到湖北神农架、历山、湖南炎陵一带。

围绕神农炎帝展开的数次学术讨论会,更是全方位展开研究的重要表现。② 这些都说明对神农与炎帝的争论决不会止步于此,而是随着史学的多元化以及人们认识的变革、社会现实的需要必将提出新的问题。但是,无论是将其作为神话还是作为历史,随着它逐渐在社会层面的沉淀,随着民众对其特定元素的利用,神农(或炎帝)在民间信仰中的内核越来越大,在社会中的分量也与日俱增。到目前神农炎帝作为民间信仰已成为一支不可忽视的文化力量。这一点无可非议。

二 从神农氏到民间信仰

晋东南是古上党大地,在这片古老的土地上,很早就流传着关于神农炎帝的故事,其丰功伟绩,令人敬仰。唐代统治者始正式建庙立祀,祭古圣帝明王。唐玄宗天宝六载(747),敕建三皇庙和五帝庙,三皇庙祭伏羲、神农、黄帝,五帝庙祭少昊、颛顼、高辛、唐尧、虞舜,均于春秋二祭用少牢礼。在晋东南目前保存下来的庙宇碑刻中充分记录了神农炎帝的功劳和德行。"粤稽神农氏,王天下以来,树艺五谷,德配三皇,造三农,兴万世,治民之本。……述厥后遗迹。"③ "帝之神,由来远矣。大凡闾阎

---

① 林河:《炎帝出生地的文化考析》,《民族艺术》1997 年第 2 期。
② 2017 年 5 月,海峡两岸神农炎帝文化高端论坛在山西晋城市召开;2017 年 11 月,全国炎黄文化论坛暨第五届中部六省炎黄文化论坛在山西长子县召开;2018 年 5 月,海峡两岸神农炎帝文化高端论坛在山西晋城市召开。
③ (清)申履中:《补修神殿暨陪房碑记》(照片),咸丰元年,现存高平市故关村炎帝行宫。

之日用饮食，无思不报。感其树艺五谷，开民生粒食之利；亲尝百草、除□世困□之灾。帝德巍巍，覆万国无知黎庶。所以人心耿耿，酬百神有应元功。是以北三角村有古刹炎帝大庙。"① 主要讴歌了神农氏在农业生产、医药发明方面的贡献（图1-2）。

图1-2 高平市庄里村炎帝陵

中国自古以农立国，将农业作为邦之本业，对农业的崇尚与关注成为历代帝王与农民的首要目标。对神农氏的伟大功绩，他们深怀感恩之心，通过立庙祭祀的方式予以表达。"自古圣帝明王，皆有大功德以及于民，利济群生，万世永赖。后之人被神庥，荷圣泽，报功报德，皆其性之所不容也，而炎帝神农氏为尤著。想其制耒耜，教稼穑，易木食之世，为粒食之天；又作方书，以疗民病；立市法，以通货，厥功亦甚伟矣。故立祠奉之者，所在多有，借俳优以答神惠，亦随在皆然，此舞楼所由设也。"② "历稽往圣，炎帝尚矣。嗣庖牺氏之本，而以火德王，故曰炎帝。帝以民无非生民可久之利，制为耒耜，教天下□□耕驾□□，此农之始也，故又隆其号，曰神农氏。考帝之教曰：民为邦本，食为民天，一人不耕，天下

---

① （清）缺：《三甲北村补修炎帝庙碑》（照片），顺治十八年，现存高平市三甲北村炎帝庙。

② （清）史守：《增修炎帝庙舞楼记》（照片），乾隆十八年，现存高平市徘北村炎帝庙。

有受其饿者矣；一女不绩，天下有受其寒者矣。故教夫必亲耕，妇必亲绩，天下万世，始有大食之利。且尝百草，制医药，以疗民疾，俾无夭折。而且教民，日中为市，交易而退，各得其所。民始知有，有无相济，此岂一方一世之利赖而已哉！"① "余惟炎帝神农氏，斫揉木为耒耜，以粒民之养，尝百草为药饵，以寿民之生，功德覆被天下以及后世，而天下后世作庙以祀，固其宜也。"② "睹刈梁之有秋伊，何人之肇始？思磐中之粒食，实有开之，必先自炎帝之御世也。斫木为耜，揉木为耒，原湿平矣，而教之稼穑。雨旸时矣，而教之播种。创前圣未有之奇，开来世休养之德。以及八蜡始作，百草亲尝，廛市之货，既通陶冶之器以治其所以。为民谋者，重以周。而人之被其泽者，深且远也。"③ "其人虽往，功业常新，第即斯庙而详言之。其神也，仰之曰神农，尊之曰皇帝。威灵之显赫，道贯古今，德同天地。独得天地精英之气，能尝百草之涩苦咸酸；垂为医经，令万世之医流而受其芬芳；特禀乾坤神灵之精，能辨五谷之菽黍稻粱，教以稼穑，令百代之万姓而沾其惠露。壮如岱岳，耀如星日，不但一时而被其泽，即万世无不永赖也已矣！"④ "神农炎帝，功德馨香不朽。"⑤对这种功德的崇敬，进而演变为民间信仰，成为当地民众的心理支柱，内化于民众意识之中。对其真实性，已留于史学家争论；作为一种信仰，其已成为不可更改的事实而在社会中广为流传。

民间信仰具有三大载体：庙宇碑刻、传说故事、祭祀仪式。关于炎帝信仰的三大载体在晋东南到处可见，并且不断丰富，不断创新，支撑着神农炎帝在民众心中的认可度。

(一) 神农（炎帝）庙

在晋东南区域，目前保存下来50多座神农（炎帝）庙宇以及上百通

---

① （清）赵介：《增修炎帝庙记》（照片），康熙二十年，现存高平市赤祥村炎帝庙。
② （明）张振纪：《迁修炎帝神农庙碑记》（照片），嘉靖四年，现存高平市焦河村炎帝庙。
③ （清）刘映榴：《重修炎帝庙碑记》（照片），嘉庆元年，现存高平市北诗村神农庙。
④ （清）□□翁老乩：《炎帝古刹重修碑记》（照片），同治五年，现存长子县色头村炎帝庙。
⑤ （清）缺：《重修金妆神像补修殿宇兼创奇楼碑记》（照片），顺治六年，现存高平市庄里村炎帝陵。

碑刻①，最早的碑刻可以上溯到北齐时期，记录了神农氏与本地域的密切联系。大量的碑刻都予以记载。修建庙宇是民众表达敬仰之心的最高规格，他们认为，"庙宇之建，所以妥神灵，隆赛社，崇祀典，报宏恩也"②。只有建立庙宇才能表达他们虔诚的心情，"以故四方村落，多立庙以祀之"③。在清代，就有人说："天下万世，庙祀之所由盛也。最盛莫如吾邑，计长平百里，所建不止百祠。"④ 每当看到庙宇破败不堪，风雨飘摇，就有善人信士奔走号呼，鼎力捐资，集众人之力重修庙宇，因此，使得神农（炎帝）庙宇能够一直传承下来。也正是因为如此，我们才看到了不同历史时期民众对神农氏的信仰。

（二）传说故事

神农故事主要流传于高平、长治一带，已有地方文化人士对其进行了整理，出版了多部著作（图1-3），成为深入研究的基础，本书无须赘述。但是这些故事大体包括以下几类：教民种五谷、为民医疾病、助民度难关。⑤

图1-3　已出版炎帝研究著作

---

① 米高明、马志生等一大批地方文化人士已经对其进行了整理，具体参见《山西高平炎帝故里》《炎帝古庙》《炎帝汇典》等著作。
② （清）祁恂：《重修炎帝庙碑记》（照片），光绪九年，现存高平市乔里村炎帝庙。
③ （清）秦銮：《重修炎帝庙碑记》（照片），道光七年，现存高平市桥北村炎帝庙。
④ （清）赵介：《增修炎帝庙记》（照片），康熙二十年，现存高平市赤祥村炎帝庙。
⑤ 参见马志生主编《炎帝传说》，三晋出版社2015年版。

今天当地将其打造成祖先崇拜。我们看到的更多是其中的凝聚作用。尤其是海峡两岸对神农炎帝的崇拜，成为祖国统一的思想基础，也正因如此，才得到社会各界的广泛支持，尤其是政府的支持更是对这一信仰的确认，赋予神农信仰以方向和力量。近几年来，高平市政府主办了多场与神农炎帝、农耕文化有关的学术研讨会与祭祀仪式，在社会中的影响越来越大，既有政治意义，又促进了当地经济和文化的繁荣。

至此可以说，神农故事是文献资料在民间不断地传承过程中创造出来的。在传承过程中，又结合当地资源，经过文人加工，经过民众"在地化"，最终才形成了我们今天看到的故事。在先秦文献中，关于神农氏的事迹亦不过两大类：种庄稼发明农业、尝百草医疗疾病。而关于神农氏的其他故事则是民众不断演绎出来的。

由于传说故事已无时代性，因此很难捋出故事演变的轨迹，但是可以看到故事越来越丰富，炎帝的形象越来越丰满。

（三）祭祀仪式

为了进一步表达自己的敬仰与信奉之情，民众还通过一年一度或一年数度的祭祀仪式表达着自己的信仰。这些祭祀仪式既是上古春祈秋报传统的延续，亦是民众娱乐自己的特殊方式（图1-4）。"春祈秋报，宣约化民，岁时伏腊，聚国簇而洽比邻者，胥于是乎？在独舞楼建之庙内，每岁报赛之下演戏，殊未甚便，其何以悦神明而慰民志哉？庙前数武一隙地，里中善信久欲修举之，奈有其志焉，而未之逮也。是岁春，共议斯举而众志一心。"① 在高平各地都有祭祀神农炎帝的庙会、仪式，"岁逢享祀，民商云集一旷，望间即深，人以帝德广大之恩"②。尤其是官府重视。"在下庙未创建前，县官朔望行香，春秋祭祀大典，必须亲诣换马岭五谷庙、炎帝陵墓……不敢废也。"③

---

① （清）史守：《增修炎帝庙舞楼记》（照片），乾隆十八年，现存高平市徘北村炎帝庙。
② （清）申履中：《重修西陪房碑记》（照片），咸丰八年，现存高平市庄里村炎帝陵。
③ （民国）齐克振：《重修炎帝庙各神殿禅房并补修桥梁扩大舞楼彩绘工竣及叙述款项来源碑记》（照片），民国三十年，现存高平市庄里村炎帝陵。

图1-4　炎帝陵祭祀仪式

表1-1　　　　　《炎帝古庙》① 所载祭祀神农仪式概况

地点	概况
羊头山	每年的农历七月三十日至八月初一日，环山居民在这里举行庙会，祭祀炎帝，因两天跨两个月份，俗称会二个月。暑伏天更是热闹非凡，除周围的村子外，还有长治县、长子县一带来人，大家都要到羊头山伏游
西羊头山	周围的贾村、高良、釜山等都建有炎帝庙。举行庙会时，都要到西羊头山炎帝庙接神。附近居民每年春节的凌晨，也要到西羊头山，把炎帝神接到家，然后才要举行各种庆祝和祭祀活动。故有釜山不出正月，高良不出二月，贾村不出三月的说法
高平市北贾村	每年的农历三月十五日，贾村要举办庙会，祭祀炎帝。举行庙会时，首先到神头岭，把炎帝请回村里来，才要举行各种祭祀活动
高平市高良村	每年的农历二月十三日要举行盛大的庙会祭祀炎帝。举行庙会时，高良村也和釜山村、贾村一样，首先到神头岭炎帝庙，把炎帝接回村里来
高平市掘山村	每年的农历七月十五，要举行盛大的庙会，来祭祀炎帝。每隔四年要举行一次耍乐故事大赛，附近的村子，如伞盖、鹿宿、柳村、什善、赵庄、靖居、草房等都要参加，十分隆重，热闹非凡
高平市常家沟	每年六月初六日，要举行盛大的庙会祭祀炎帝。庙会由常家沟、蒲沟、底东沟、洞上、上东沟五个村共同举办

---

① 高平市炎帝文化研究会：《炎帝古庙》，文物出版社2011年版。

续表

地点	概况
炎帝岭炎帝高庙	每年农历的七月初五日要举办庙会,由炎帝岭周围的六村三社,即蒲沟、南沟、北沟、后沟背里、卢家共同筹办。因庙已毁,现庙会移至后沟村
高平市朴村	每年的农历三月二十日,朴村要举办庙会,祭祀炎帝
高平市双井村	每年三月十八日,举办庙会祭祀神农炎帝
高平市庄里村	庄里村每年农历四月初八庙会,要到南赵庄村接炎帝,会后再送回,接送仪式特别隆重
高平市永禄村	每年农历的六月十七、九月十七日要举办庙会,祭祀炎帝
高平市北诗村	每年的清明节,要举办庙会祭祀炎帝
潞州区柏后村	每年农历的七月初一举办庙会,祭祀炎帝
潞州区关村	每年农历的三月初一,举办庙会祭祀炎帝,由关村、庄里、嶂头三个村共同筹办
上党区北和村	每年农历的四月初八日举办祭祀炎帝。秋后还要举办唱戏的酬神活动
壶关县东长井村	有炎帝庙,每年农历的三月十八举办庙会,祭祀炎帝
陵川县大义井村	每年的六月初六,大义井村要举办庙会,进行祭祀
长子县色头村	炎帝庙香火兴盛,每年的春秋都要举办春祈秋报的大型赛事,由周围的村子北五庄:里玉则、外玉则、郝家沟、平家、曹家沟;南五庄:刘家庄、赵家庄、吴家庄、陈家庄、王家庄等筹办。赛事三天,有唱戏、八音会、说书等文艺活动。除此而外,平时如正月初一、正月初五、七月初三、十月初一等节日也要到庙里烧香祭祀炎帝

此外,董富来还记载了长畛村祭祀炎帝的习俗以及官方祭祀炎帝的仪式。①

三 神农信仰的泛众化

民众在信仰、祭祀神农的过程中,对其传说故事不断赋予新的内涵,将其丰富与充实,使得原本极其简单的创世神话成为民间流传的话语。民众话语的融入,使得高大上的世界观成为民众生活中的重要精神支撑。在对神农的形塑过程中,民众不仅编织了美丽的故事,而且使得神农与民众

---

① 董富来:《古代祭祀活动的活化石——高平炎帝陵周边七村炎帝祭祀活动纪念》,马至生主编:《炎帝传说》,三晋出版社 2015 年版,第 91—99 页。

更加相似，他不仅自己为民做贡献，而且有了自己的家庭，其亲属也在为民众做奉献，这些在社会层面广为流传，形成了一代一代的故事。

在神农炎帝的故事之上，又形成了与其家属有关的故事。有一则"金牛"的传说，讲的是炎帝的三儿子教人们耕地的事情：

> 石末村南有座小山，名紫峰山，山阴半崖有一天然石洞，名壁掌洞，洞内藏有一头金牛，传说是炎帝的儿子格送给这一带农人拼地用的。在炎帝女儿教这一带的人们学会种植嘉谷以后，此地的种植面积越来越大，但繁重的人工拼作方式给人们带来了很大困难，由于翻拼太慢，经常延误农时。一天中午，忽然一个眉清目秀、脖子上戴着一块玉圭的青年小子来到这里，送给人们一头牛，并教会人们怎么更快地耕地。这年春天，地刚犁了一半，老牛就病倒了。一天清晨，老牛突然说话了，告诉人们那个小伙子是炎帝的三儿子格，是以前来教大家种植嘉谷的精卫姑娘的弟弟，并说自己老了，要走了。说完挣扎着朝紫峰山半山的壁掌洞走去，消失在洞里。人们点着火把进去找，发现里面奇岩怪石，一条流向远方的河挡住了去路，远处有闪闪发亮的金光。后来有人传开了，说老黄牛是炎帝儿子格送来的一条神牛。神牛入洞后变成了金牛，洞内的金光就是金牛身上发出的光。从此，壁掌洞名声大振，越传越远。常有贪徒入洞，欲盗劫金牛，但都是大胆而来，惊恐而去。①

在高平庄里村炎帝陵的角殿，供奉着炎帝的三个儿子，其故事就是与此相关的一系列组合。那为什么三位太子也会配享祭祀，而且都称太子呢？这源于当时正在进行的食物革命。由于火的使用、石器的使用、弓箭的使用，大大增强了先民搏击猛兽的战斗力，猎获物大大增加，人口迅速增长。食物需求越来越大，三位儿子也有艰辛劳作，补充了神农炎帝耕作的不足，因此，也得到民间祭祀。②

从现存碑刻来看，虽然民众的情感与事实有较大差异，但是却清楚地

---

① 高平市文史资料委员会编：《高平炎帝陵》，高平市振兴印刷厂 2000 年印，第 249、252 页。

② 程原生、米东明：《探索发现炎帝陵》，三晋出版社 2012 年版，第 22 页。

表达了民众对炎帝儿子的情感：

> 法邑北越故关里换马东南，有炎帝庙古址也。其创建遐哉莫考，迄今祈报甚应。予虽沁人，窃尝闻之。正殿东旧有夹室，太子栖焉，已从来矣。但年湮日远，庙貌渐倾，墙壁几颓，神像零落。于是兹里乡约申崇修等，性善弗泯，目击愀然，乃向予唏嘘曰："斯神也，禀天地正气，佑万祀生民。今夹殿若斯，神将何依？况吾侪密迩左右，倘不修，洁心何安乎？"①

于是在众人的帮助下，重修殿宇，使得民众对炎帝太子的祭祀不断传承下去。但是，三位太子的表述本身不太准确，但是在民众的情感中这些都是可以忽略的。这种说法只是对神农炎帝及其家人功绩的肯定，是在神话人物信仰的传承过程中逐渐出现的，是一种常见状态。

位于高平市北15千米处的故关村有炎帝行宫一所，主要供奉炎帝三太子（图1-5），每年四月初八日是炎帝陵祭祀的首社之一，每年的祭祀活动，故关村要送太子前往，太子不到场，戏不能开演。②

图1-5　高平市故关村炎帝行宫

在神农镇下台村的炎帝中庙，元时已有，至正年间，村人王德诚膝下无子，因此祈求于神，并于正殿偏西建立太子殿与子孙殿。德诚去世后，

---

① （明）申士杰：《重修炎帝庙太子殿碑记》（照片），崇祯四年，现存高平市庄里村炎帝陵。
② 高平市炎帝文化研究会：《炎帝古庙》，文物出版社2011年版，第41页。

其夫人说，"吾夫曩以有愿为神立祠，神之降祐，亦既多矣，继所天志，以答神祐，功曷敢后？""遂于室内叠甓为供台，并甃其地，外则伐石为基。其子孙殿之像，德诚独设，其太子祠神像，则里人赞力。而魏仲达者，功居半焉。"① 距下台村不远的邢村，"居人郭钦，伊父景昭遘疾日沉，朝不保夕，钦思罔极之恩，何以补报？仰天叩地，无所控告。于炎帝神农之祠，焚香祷祝，愿父病瘥，于自建太子祠一座。既而神昭灵贶，如祷病瘥，父寿七十余岁而天年考终，皆神之保佑之惠也。今建祠既完，恭酬前愿。如此则神有所栖，人有所瞻也"②。因祈愿成功，建庙还愿，表达对神灵的敬仰之情。由此可见，从太子到三太子再到三位太子，其中虽有以讹传讹、不断变化的成分，但民众的情感是不会变的，信仰的力量是凝聚、升华民众的情感，进而成为区域文化的精神力量，最终起到凝聚区域与群体的作用。

炎帝女儿的故事也在民间广为流传。据说炎帝有四个女儿，两个女儿得道成仙，今天的人们已不知道她们的事迹。另外两个，一个叫瑶姬，一个叫精卫。瑶姬的故事流传在湖南，精卫的故事流传在晋东南。

神话故事是民众解读自身的一种方式，是其世界观、价值观的重要表现，民众对上古之世的认识，正说明他们也在探讨自身的来源，但由于其知识水平较低，将其载体依附于神话故事。因此，对神话故事的理解和分析是我们研究民间信仰的重要方面。

第二节　从女娲到浊漳源神

在神农信仰泛众化的过程中，神农的女儿女娲（亦称精卫）也进入了人们的视野，并被赋予神性，在晋东南区域广为流传。其故事依托于《山海经》，在民众的形塑下，表现出多样性与地域性。随着官方的认可，其信仰与地域社会的关系越来越密切。

---

① （元）宋士常：《创建神农太子祠并子孙殿志》（照片），至正二十一年，现存高平市中庙村炎帝中庙。
② （明）：《无题碑》（照片），宣德元年，现存高平市邢村炎帝庙。

一　女娃故事

图1-6　长子县东下郝村灵湫庙

关于女娃（图1-6）最早的记载是《山海经》：

> 又北二百里，曰发鸠之山，其上多柘木。有鸟焉，其状如乌，文首、白喙、赤足，名曰精卫，其鸣自詨。是炎帝之少女，名曰女娃。女娃游于东海，溺而不返，故为精卫，常衔西山之木石，以堙于东海。漳水出焉，东流注于河。①

这则史籍中的记载，也就是妇孺皆知的神话故事——精卫填海，成为历史学家研究的起点。以此为基础形成了一系列成果，他们都从不同角度论述了精卫故事的内涵及其与地域社会的关系。茅盾在研究神话传说时，将神话分为几类，其中"精卫"属于典型的由人化为动物的类型，是"失败英雄"不忘故志的写照，属于"道德意识的鸟兽的神话"，象征着百折不回的毅力和意志。②孙琳从文化学角度对精卫填海的产生流变进行分析，认为精卫填海的故事所体现的原始人民从单纯的简单意象"女娃""精卫""东海"，到发现或者创造单独意象之间的联系，显示了原始人民思维逻辑

---

① 嘉庆《长子县志》卷二《山川》。
② 茅盾：《中国神话研究初探》（插图本），上海古籍出版社2005年版，第87—88页。

的加强和抽象能力的提高；① 林美茂从文化人类学角度探讨了精卫填海故事，认为精卫填海是炎帝族少女的一种巫术性成人仪式传承上的变形。同时，还认为"东海"并非现代意义的东海，而是与炎帝一族活动范围有关的海域，就应该指东边的水域；② 范正生则从历史学的角度考察，认为精卫填海的神话故事暗含了炎帝部落与少昊部落之间的部族婚姻关系，认为女娃是历史上最早的部族和亲下的牺牲品。③

在精卫故事盛行的高平，地方文化人士也有自己的解释。他们引用朱载堉在《羊头山新记》中的记载："寺东五六里有水焉，俗呼为长河。《高平志》云：长河在县东北，南流入丹水。河渠渺远，环带萦纡。夏秋之交，众溪合流，水势若江海，渡者艰危，至冬始涸。愚按《水经注》云：长平水出长平县西北小山，今此水在县东北，非古所谓长平水也。"因此，他们认为这儿在古时是一片湖泽，就是当时的东海。并且解释说："古人称'海'并非如今日之太平洋、大西洋等，大的水泽即为海。"④

在上党区东下郝村，也有关于精卫的故事。故事的内容与文献中的记载大体相似，但细节不同。据村民说，文献中的"东海"并非现在地理意义上的东海，而是东下郝村背后的湖，现在水已干涸，湖已成为田地。此处距发鸠山30里，从逻辑上讲有一定的合理性。

在民间社会，精卫的故事被不断衍化，形成了另一种类型的炎帝女儿的故事。在高平石末一带流传着"蟠龙镇姑姑山与精卫姑娘"的传说：

> 石末村原名蟠龙镇，村北有座山名姑姑山。传说很早以前，这里土质肥沃，气候适宜，人们靠狩猎采摘为生。一年春天，忽然有一个骑着小龙、驾着红云、手里握着一束禾粟的姑娘来到，她告诉人们自己是受炎帝之命来教大家种植嘉谷的。第二天，人们按姑娘传授的方法，在紫峰山选了一块平坦肥沃的地方将姑娘带来的嘉谷撒在地里。秋天禾粟成熟了，金黄色的禾粟沉甸甸的，姑娘还乘着那条小龙来教

---

① 孙琳：《精卫填海的多维文化解读》，《长春理工大学学报》2013年第3期。
② 林美茂：《神话精卫填海之女娃游于东海文化原型考略》，《中国人民大学学报》2014年第1期。
③ 范正生：《"精卫填海"神话考释》，《泰山学院学报》2010年第1期。
④ 程原生、米东明：《探索发现炎帝陵》，三晋出版社2012年版，第118页。

人们怎么收。没几年，这个平川变成了肥沃的土地，种上了嘉谷。每年秋后，人们都挑选一束嘉谷，盼着姑娘的到来。一年夏天，人们听说这个姑娘因为游东海，溺水而亡。为了纪念这位姑娘，不忘载姑娘而来的那条小龙，人们将村子取名为盘龙村，将村北第一次见到姑娘的那座山取名为姑姑山，并在山巅为姑娘建庙塑像，年年奉祀。①

还有一种较为通俗的说法，即炎帝有三个女儿，最小的被称为三公主，聪明伶俐，有所作为，为百姓做了不少好事，得到人们的敬重，因此为其立庙敬奉。

据说在远古时期，现今的高平城不叫高平，也不叫长平，而是叫麒麟村。因为那时有一只麒麟在这里占地为主，残害百姓。炎帝在羊头山埋头开创农耕文化的同时，也常闻麒麟的种种劣迹，但无缘与它相遇，只能常用一些中草药为被麒麟伤害的患者治病。但是有一天，麒麟将炎帝小女儿杀死在东海，炎帝决心找麒麟报仇，为民除害。一天，炎帝行至七佛山脚下的一个洞里发现了那个麒麟，双方一番恶战之后，炎帝将它生擒，拴在了距七佛山不远处的一块宽广平坦的巨石上，制服了这一嚣张的恶魔麒麟。自被炎帝拴在巨石之后，（麒麟）奉炎帝之命面朝东海思过。春去冬来，寒来暑往，麒麟就这样站着，他的影子也被深深镶进了巨石内。过了几千年后，麒麟已悔过自新，被姜子牙收为坐骑，而当年拴麒麟的石头经过风吹日晒已自然剥落得只剩下镶在其中的麒麟像，故人们将这块石头叫做麒麟石，将麒麟所在的地方叫做麒麟村。②

张利在其著作中记载了两种版本：

其一，炎帝的小女儿名叫女娃，性格天真，秀丽善良。她喜欢大海，喜欢波浪里搏击的海鸟，尤喜拾拣海滩上五光十色的贝壳。有一天，她贪恋五颜六色的贝壳，不知不觉接近了一片礁石。突然，一个

---

① 高平市文史资料委员会编：《高平炎帝陵》，高平市振兴印刷厂2000年印，第247—248页。
② 同上书，第240、243页。

巨浪拍来，把她卷进了无边的大海……

其二，上古时期，东海一条恶龙窜入上党，致使上党盆地一片汪洋，上党百姓无法生存，只得远走他乡，流离失所。羊头山上的炎帝与诸位大臣商议消灭恶龙，造福人类，但研究多日，竟无任何结果。危难之时，炎帝的小女儿女娃自告奋勇前去大战恶龙，博得了众人的欢迎。炎帝心知小女儿有些狂傲，在众人面前又不好拒绝，就答应了小女儿的请战，并将先辈留下的神袋——套袋送给了小女。套袋是保护自己、消灭敌人的神灵武器，十分灵验。第二天，女娃就带着兵将，沿着壶口—淘清河—羊头山—平原岭—发鸠山一线巡逻。恶龙也不敢出水，慢慢地上党盆地的水流干了，逃亡在外地的百姓也回来了，上党盆地恢复了暂时的平静。于是女娃放松了警惕，出现了致命的失误。

这个致命的失误也有两个版本。一是女娃与炎帝身边的一个名叫柱子的青年人谈对象，两个人沉浸在甜蜜的爱情里，放松了对沿海区域的监管，忘记了自己的职守，忘记带灵验的神器——套袋；一是女娃每天巡逻，走很长的路程，的确很累，就在路边睡着了。当她发现那恶龙返回来时，身边的套袋也不知道丢在了什么地方。于是恶龙乘机将水带回了上党盆地，没有带上套袋的女娃，如何战胜得了恶龙？可怜的女娃终被大海淹没了。女娃的精灵对夺去她生命的大海万分愤怒，化作了一只纹首、白喙、红足鸟，发着"精卫、精卫"的哀叫，故名之曰"精卫鸟"。①

《列仙传》里也粗略提到了炎帝的女儿。神农时有赤松子，职司布雨，炎帝少女以其为师，终得成仙。② 从这段记载可以看出一些信息。其一，神农与炎帝并非一人；其二，炎帝少女与火有关。赤松子服水晶，能在火中自烧。因此，炎帝女学之，最后成仙。这与《太平御览》中的记载相似。"南方赤帝女学道得仙，居南阳愕山桑树上……赤帝见之悲恸，诱之

---

① 张利：《上党神灵》，三晋出版社2015年版，第134—135页。
② （明）洪自诚辑：《新镌绣像列仙传》，傅钢点校，中国社会科学出版社1996年版，第10页；《中国神话传说词典》，上海辞书出版社1985年版，第195页。

不得，以火焚之，女即升天。因名帝女桑。"①

时至今日，在发鸠山主峰东南，存有庙宇一座，面阔三间，为祭祀精卫之祠（图1-7），2016年已经重修，殿内塑像全无，砖砌供台尚存，供奉精卫之神位，石碑刻精卫之像。殿前不远有精卫塚，内供"三圣公主女娃尊神之位"。

图1-7 发鸠山精卫祠

在主峰之西北山坡密林里，有沙石雕砌古坟一座，依山坡趋向，坐东南，朝西北，俯临山下杨家沟村。年代无考，百姓俗呼黄（皇）姑坟，传说为女娃之墓，因女娃未嫁，属黄花闺女，故称黄姑坟。亦有说为炎帝之女，称为皇姑坟。1976年被盗掘，墓顶全开。石雕墓室构建尚留存完整。墓坐东南向西北，通体用沙石雕砌，前设墓道，呈长方形单室结构，其左、右壁及后壁各设一小龛式耳室，前墓道门额上题刻"视死如归"，石门框刻有对联倾覆不能视；墓室后壁上嵌石质扇形匾额，题刻行书双钩"藏真"二字。旁有两竖石，阴刻草书联为："难随河山留世上，别有天地非人间。"字体皆为摹王羲之行草体；墓前散有石柱二根，石横额一根，似原有牌坊之设。

关于"黄姑坟"名称由来，在长子县民间广泛流传着这样一个传说故事：很久很久以前，发鸠山周围是一片汪洋大海，女娃之母一日去河边洗衣，不幸落水而亡，女娃为母报仇，发誓要填平大海，于是变为精卫鸟，

---

① （宋）李昉：《太平御览》卷九二一引《广异记》，四部丛刊本。

衔石填海，所以发鸠山上的石头全是小碎石。因女娃未找婆家嫁人，所以葬她的坟称为黄姑坟。①

二 从山神到源神

自然崇拜是最早的崇拜，人们对自然现象的不理解以及对自然带来的各种困难难以克服，便产生了崇拜与信仰。大山由于林木茂密，树荫蓊郁，祥云腾飞，云蒸霞蔚，在人们的认识中充满了神秘感和恐惧感。加之山林中的瘴气、大风常常会导致人的死亡，出入的猛兽亦成为过路人们的威胁，使人们对山由畏而敬；浓雾、团云常常使人们将其当作神仙出现的标志，于是山与神的结合也就成为自然。如果再汇聚一些神秘的故事，加上人们的想像，山神崇拜逐渐形成。

（一）发鸠山神

发鸠山（图1-8）主峰方山峰，海拔1644米，绵延数十里。其山上树木荫茂，峻石嶙峋，层云缭绕，紫气升腾，成为文人墨客的游览胜地。历代文人均予以咏叹："长子西山实漳水所出，故号漳源，漳源胜境：曰熨台，之上有炎帝庙，草木常有春意；曰莲塘，延袤数十亩，傍有看花楼，骚人逸士可供游赏；曰慈林寺，盖唐尉迟恭所造，其石殿塑像迄今尚存；曰刁黄山，最为高峻，雪经夏不消，风气常寒。"② 如此美丽的景色已是明代，数千年前更甚于此。清人贾璃升在饱览发鸠山胜景之后，赋诗一首："踏破苍茫一径云，漫将彩笔润峰纹。乘槎疑入仙源路，读碣空传帝女文。蟠影常从潭里见，松涛时向岭头闻。欲携卢杖穷流去，万里漳河一线分。"③ 既描写了发鸠山的雄伟气势，又勾勒出漳河一泻万里的滔滔之状。正如刘禹锡所言："山不在高，有仙则名；水不在深，有龙则灵。"发鸠山神的出现，也就不足为怪了。

---

① 郭生竑：《精卫填海发鸠山》，中共高平市委市政府：《山西高平炎帝故里》，山西人民出版社2014年版，第249页。

② （明）杜宁：《漳源八景诗序》，（弘治）《潞州志》卷六《长子县》，中华书局点校本1995年版，第306页。

③ （清）贾燏升：《游发鸠山》，康熙《长子县志》卷六《艺文》。

图1-8 发鸠山

当地人还将古籍中的其他故事进行附会，更显出发鸠山的非同一般。《淮南子·天文训》云："昔者共工与颛顼争为帝，怒而触不周之山，天柱折，地维绝；天倾西北，故日月星辰就焉，地不满东南，故水潦尘埃归焉。"① 此处的"不周山"在当地人眼中就是发鸠山，由此导致洪水泛滥，灾祸不断，于是就出现了女娲补天的传说。虽说这些传言无法考证，但也说明了发鸠山在当地人心中具有较高的地位。

在发鸠山神信仰的发展过程中，人们逐渐将一些传说元素添入，利用已有资源，将故事不断丰富、充实，精卫故事便是这种现象的结果。精卫故事使发鸠山神第一次从自然崇拜走向了人物崇拜。人物崇拜是自觉的崇拜，是在故事中增加了人的主观能动性。对人物的选择，最先便是古籍中已经流传多年、并得到人为加工的、脉络相对清晰的神话人物。那些在上古时代中做出贡献且在民间流传久远的神话此时开始进入自然崇拜。

浊漳河区域是华夏文明的一个重要起源地，因此，当地民众开始改造原有的自然崇拜，后羿射日、女娲补天、夸父追日、精卫填海等故事得到人们的利用。于是就形成了一个又一个与地域社会联系紧密的故事。但是这些神话故事并非某一地域的专利，不同区域的人们都可以利用，故而出现了早先民间信仰（尤其是人物信仰）的同质性，即一个人物多地信仰的现象。如神农、炎帝、尧、舜、禹等，从西到东、从北到南到处都有类似

---

① 《淮南子》卷三《天文训》，汤一介主编：《道学精华》，北京出版社1996年版，第455页。

的神话传说。用文化传播的观点进行解释，虽然有一定道理，但似乎并未解决了根本问题，最终各地争来争去，总想证明本地传说的独尊性。①

在晋东南，商汤信仰、三嵕信仰均属此种模式。析城山上的商汤庙，原为析城山神，在当地民众的构建过程中，将商汤祷雨的故事与析城山神结合起来，最终形成了以析城山为中心的商汤信仰。三嵕信仰原为三嵕山神信仰，后人增添后羿的故事，使二者合而为一，并增加了后羿在人间的事迹，使后羿从神回到人间，后羿的形象更加鲜活，最终形成了三嵕信仰。灵湫信仰亦是如此，最初为发鸠山神，后来发展为浊漳源神。

（二）浊漳源神

随着人们的生活逐渐远离大山，人们与山的关系进一步疏远，山神的地位也日渐下降，现在还经常可以看到山神庙，但是规模与地位已远不能与村中大庙相比。（图1-9）远古时期，先民依水而居，靠水为生。随着生产力的提高，人们改造自然的能力逐渐提高，于是不再仅仅依赖水而生活，而是对水进行改造、利用，修建渠坝、堤堰，用于生活，此时，他们最担心的便是水源枯竭，在这种情形下，对源神的崇拜愈来愈强。而此时，《山海经》中炎帝女儿的故事在民间的流行，使民众将目光定格其上，

图1-9 黎城县河西村山神庙

---

① 各地的神农炎帝信仰之争，不仅地方学者在争，学术界也通过各种理论、模式，从理论层面予以确证。

并与源神结合起来，形成了源神崇拜。神话传说的故事进一步泛众化，最终形成了浊漳源神信仰——灵湫信仰。

民众在建构浊漳源神时，充分关注到合理性与逻辑性，在女娲（精卫）故事中增加与"水"相关的元素。据发鸠山灵湫庙看庙人讲，原来正殿上有一副木刻楹联，内容是："女娲理水，南经北纬，汇集神泉出灵湫；漳源泻碧，西流东注，灌溉上党万顷田。"其中流露出来的便是浊漳源神为当地农业生产带来的巨大便利。文人对此予以赞许、评论："山到发鸠吐浊漳，巨源滚滚自洪荒。一川迢递归填海，万壑奔腾□太行。神女祠边松最老，灵湫亭畔水偏香。胜游日莫投诗去，骢马萧萧带夕阳。"① 一直到宋朝加封前，人们始终将其当作浊漳源神，"邑之西南，山名发鸠，浊漳之源，实出其下，庙有神女，世号泉神"②。民众到此祷雨，不断有灵验故事，这些均成为日后加封的条件。一方面是源神与水相关，是祷雨的前提；另一方面是不断灵验，有一定的基础和积累。如果缺乏这些条件，灵湫信仰也难以生成。

浊漳河虽有三源，但一般认为南源是源头，灵湫庙在浊漳河区域的地位亦由此可见。汩汩不绝的水源为民众带来了巨大的便利，日夜流淌的河水为当地运输与灌溉提供了巨大的便利（图1-10）。"虽名浊漳，而泉源实清……《郡志》表为上党第一水，河□有灵，其功实不可没。"③ 明人朱载堉也说："又西北三十里曰发鸠山，山下有泉，泉上有庙，宋政和间祷雨辄应，赐额曰灵湫，盖浊漳水之源也。庙中塑如神女者三人，傍有女侍，手擎白鸠，俗称三圣公主。乃羊头山神之女，为漳水之神。漳水欲涨则白鹤先见，使民觉而防之，不致暴溺。羊头山神，指神农也。然白鸠事，诸志未载，以其近怪，名曰精卫，炎帝少女，游于东海，溺而不返，化为此鸟，常衔西山木石以填东海。"④ 这则史料到雍正年间修纂《泽州府志》时，被修志者引入，"发鸠山下有泉，浊漳之源也。有庙奉三神女，谓主漳水，傍侍女持白鸠。传漳水涨，白鸠见"⑤。发鸠山、羊头山为长子

---

① （清）何出光：《临漳源》，康熙《长子县志》卷六《艺文志·七言律》。
② （宋）沈升：《敕赐灵湫庙额记》，政和二年，光绪《长子县志》卷七《金石志》。
③ 康熙《长子县志》卷二《山川》。
④ （明）朱载堉：《羊头山新记》，乾隆《长子县志》卷十六《艺文》。
⑤ 雍正《泽州府志》卷六《山川·高平县》。

县与高平县交界处，在民间信仰和传说故事方面有很多相似之处。三圣公主、三神女、女娲、精卫等只是称谓上的不同，其实所指一样。无论以何种称呼，她所掌管的职责是相同的，是漳水的源神，不仅为漳河提供源源不断的水流，而且也可以掌管漳河水的涨降。

图 1-10　长子县房头村灵湫庙

关于发鸠山、炎帝之女、浊漳源神三者之间的关系以及形成时间，其实已很难辨析清楚。尤其是民众在形塑和建构信仰之时的模糊性，使得民间信仰的发展理路变得更加困难。明代纂修地方志时，已有人进行过考辨，提出了疑问，但仍未实际解决。"发鸠山，一名鹿谷山，在县西五十里。按《书·禹贡》注：浊漳水出上党长子县鹿谷山，即发鸠山。《前汉书·地理志》：鹿谷山，漳水所出。《后汉书·郡国志》：长子有发鸠之山，漳水出焉。盖本《山海经》而云。"并且又说："今山下有泉，盖漳水源也。土人旱祷有应，故曰灵湫。或以为炎帝女为神于此，则亦误矣。"① 明代人已认识到炎帝之女与浊漳源神不是一回事，只是在民间，并未进行实际区分，而是将三者糅合为一体，广泛流传。

宋代是民间信仰的转折点，其时，许多民间信仰都得到了皇帝的赐额与封号，将淫祀上升到正祀，民间信仰具有了合法地位，在社会中能够正常发展。同时，地方官员亦更加重视对正祀的信仰，从政策、经费上予以大力支持，促使民间信仰迅速传播。灵湫信仰在这种情况下，亦逐渐传播

---

① （弘治）《潞州志》卷六《长子县》，中华书局点校本 1995 年版，第 253—254 页。

开去，成为晋东南区域社会中的重要信仰。

三　民众对浊漳源神的刻画：三奶奶

民间非常崇奉浊漳源神，但是他们却用另一个故事取代了精卫填海，用自己的想像刻画了三奶奶的形象。（图1-11）

图1-11　房头村灵湫庙三奶奶像

答：就是那个意思吧。三奶奶那会儿姊妹三个。

问：姊妹三个是不是数三奶奶厉害呢？

答：是，三奶奶最厉害，她来得早。三个奶奶的姓不是一个姓，是结拜的三个姊妹。还有一种说法是一个母亲，两闺女。

问：她们给这个村做过什么事？

答：据说是三奶奶嫁到这里来，婆婆公公对她不太好，让她担水，把水缸放满水，给她一个桶，桶是尖底的，不能放下，然后就有仙人对她说："不要担了，给你一株草，没水的话，你放缸里搅一搅，水就满了。"然后果真如此。有一次三奶奶回娘家了，她婆婆曾经见过她怎么把缸放满的，于是她婆婆就像她一样摇了摇，结果水就止不住了，水就越来越大，于是就找人把三奶奶叫回来。回来后，三奶奶见没办法止住水流，就直接坐缸上了，才把水堵住了。这就是为什么水能从庙底下出来。而下面有一个井，叫琉璃井，井底的水像锅底冒泡一样在沸腾。①

由此可见，三奶奶在出现时间上比灵湫要早。从山神演变为源神后，民众就在建构新的故事。这则故事利用了一般民间故事的母题，即女性坐化堵水。关于源神信仰的故事母题，在大多数源神信仰中都会提及挑水的情节。如晋祠圣母、浊漳西源源神、新绛古堆圣母、壶关二仙奶奶等。既然灵湫为浊漳河之南源源神，那么其故事就可以借助源神的故事，将其刻画，形成了我们现在听到的与灵湫有关的故事之一。以此使得故事更加逼真，更具有说服力。不过，在不同人们的口中，具体细节又表现出了较大的差异。

问：有什么传说故事呢？

答：这里是三奶奶的娘家，姓赵，嫁到房头村，她婆婆让她担水，给她一个尖底桶，尖底桶不能休息。有一天，天上下来个神仙，骑了毛驴，她把水给驴喝了，神仙为了感激她，给她个鞭子（另一个说是草），说放到水缸里，你就摇一摇，就有水了。她婆婆见她每天不担水，水就满了，于是在她去娘家的时候，就偷偷地把鞭子抽出来，水就流出来了，结果长子县就淹了。长子县有人就叫三奶奶来了，回去以后，三奶奶就把盖缸的东西盖上去，然后自己也坐上去了，坐上去以后就成仙了。现在还能看见庙底流出水来。②

在与东下郝村有联系的看寺村，我们又听到了类似的故事：

问：能不能给我讲讲关于奶奶的故事？

答：房头山的老奶奶来到这里，成神的时候，大奶奶骑的是马，二奶奶骑的骡子，三奶奶骑的小毛驴，（三人商定）谁走到最前面谁掌正。大奶奶上马了，圪针挂住了罗裙，误了道；二奶奶骑的骡子走到半路下崽子，误道了；三奶奶骑的小毛驴，慢慢悠悠地来了，结果

---

① 吕满金讲述，采访时间：2016年8月17日，采访地点：长子县房头村，郝婷婷整理，选入时有删节。

② ×××讲述，采访时间：2017年3月27日，采访地点：上党区东下郝村，郝婷婷整理。

就走到了最前面。所以（塑像）最当中的是三奶奶。三奶奶成神的时候，是童养的小女孩，婆婆厉害，让她担水，在担水过程中遇到了一个老汉，老汉骑着小毛驴，说："你把水给我的小毛驴喝了吧。"三奶奶说："我要是给你的小毛驴喝了，我婆婆见我回去水没有担上，会打死我的。"老汉说："你给我水吧，我给你个马鞭，你蘸上水，水缸里没水了，你就摇。"①

总之，三奶奶的形象均与水有关，是浊漳河的源神。在此，三奶奶、女娲、浊漳源神已合为一体，只有表述上的差异，并无实质上的不同。

对三奶奶的说法，在碑刻中亦有记载。皇庆元年（1312）大旱，地方官员赵良询于百姓，何处可以祈求雨？"众民咸举，皆以灵湫三圣公主行殿下可祷。"② 此处中的三圣公主，即神农三女儿，也就是民众传说中的三奶奶，她们在文人笔下与民众记忆中有机地融合在一起，即精英文化与草根文化达成了统一。其实不独灵湫神，与水源相关的神灵都有类似的故事，在浊漳河西源，我们也听到了关于漳源神的故事。其实这里体现的是传说母题现象。在任何传说中都有一个母题，即一个故事的基本梗概，大的框架基本雷同，在民间信仰的传播过程中，各地民众根据自己的理解对母题进行了发挥，增加了本地元素，使得民间信仰与地域社会的关系更加紧密，进而体现故事的真实性，增加故事的吸引力，使得神灵成为本地最可依赖的神灵。在地化，使得故事情节更加逼真，故事灵验更加确凿。

第三节　灵湫信仰的生成与传承

完成从山神到源神的转变，全然是民众的作用，他们借助于上古传说以及民间故事，刻画了浊漳源神的形象，并利用其进行祈雨，进而实现民间信仰的功能。由于史籍记载的缺失，我们已很难溯其根源，难以考证其承续时间。但是有一点是可以肯定的，浊漳源神一直未得到国家的认可，属于淫祀。要进入国家祀典，从淫祀走向正祀，则需要契机，需要国家与

---

① 看庙人讲述，采访时间：2017 年 3 月 27 日，采访地点：上党区看寺村，郝婷婷整理。
② （元）王谦亨：《重修灵湫庙记》（照片），皇庆元年，现存长子县房头村灵湫庙。

民众的双重作用。只有完成了这个转变，浊漳源神才能在社会中赓续不断，获得合法身份，进而确立在区域社会中的地位和作用。

一 灵湫信仰的生成

女娲的故事在宋代以前已经生成，并在民间流传，由于其与水的关系，民众已开始赴庙求雨。"灵湫，即漳源水神也。自来遇旱祷雨辄应，土人因立庙虔祀。第失传创于何时，宋治平元年，主簿张征礼重建殿庑。"① 但其时该庙并未得到国家认可，属于淫祀，其影响和辐射面较小。政和元年（1111），一场持续的干旱改变了该庙的命运，成为灵湫信仰形成的重要拐点。"政和肇元，岁在辛卯，自春至于四月不雨，夏苗不滋，秋种未下，民心嗷嗷，无所告诉，交走宗秩，蔑有感应。"面对如此严重的自然灾害，地方官员只能利用民间常见的救灾方式——赴庙求雨——解除灾害。时人对此有详细的记载："邑令惕然不遑宁处，博访居民宜祷者，内外远近不谋同辞，咸以泉神为言。遂齐心服形，请水致祷，期以三日，应时滂霈，阖境沾足，室家相庆。顾以其状上之于府，丐请庙号，以答灵贶。府方悯雨，闻县所请，寻遣府幕躬诣灵祠，祷祭如初。尸祝方告，油然云兴，至府而雨作。浃日之间，再获感应。府以其事上于漕台，旋蒙保奏。既达宸听，天子加惠元元，明德恤祀。"② 如期而至的降雨，不仅解决了民众的困难，亦解决了神灵的身份问题。由于祷雨成功，县令王大定向朝廷请封，朝廷遂命春官核实，太常定议，当年秋八月丁酉敕赐"灵湫庙"为额。

尚书省牒隆德府长子县灵湫庙

礼部状准都省送下河东路转运司奏。据隆德府申长子县发鸠山漳源泉神庙，祈祷无不感应，乞赐庙额。

政和元年八月七日牒

通议大夫守右丞登

中大夫守左丞侯

---

① 康熙《长子县志》卷三《庙祠》。
② （宋）沈升：《敕赐灵湫庙额记》，政和二年，光绪《长子县志》卷七《金石志》。

通奉大夫守右仆射特进左仆射

县之西四十里，封境之内有山曰发鸠，其麓有泉，漳水之源也。有神主之，庙貌甚古。岁时水旱，乡民祈祷无不应验。政和元年，自春徂夏不雨，夏苗尽槁，秋种未播，人心皇皇，惧成饥歉。臣大定躬率吏民祷于祠，未二日，雨，阖境沾足。邻封接壤，有隔辙而土不濡湿者，显神之灵异也。荷神之休，卒获有年之庆。县以其事上之大府，府以其实闻于漕台，考核不诬，以其状奏焉，天子敕名"灵湫庙"，保神利国惠民之功也。谨模刻于石，以传永久。

政和二年四月
通仕郎长子县令臣王大定谨题
将仕郎主簿臣沈升书额
将仕郎权县尉臣郭孝若立石
李师尹刊①

至此，灵湫之名才正式形成，并由淫祀一变而为正祀，得到了国家的认可，具有了合法身份，祷雨亦成为其主要职能，一直为官方和民众所重视。在其后的祷雨和修建过程中，都要上溯至此，灵湫信仰有了明确的身份，正式进入国家祀典和民众的记忆，历史书写便由此开始。

从淫祀上升到正祀，是民间信仰发展过程中的一个重要转折，对大部分地域神而言，只有经过这一步骤，才能完成蜕变，否则，很难得到认可，甚至会失去传承与发展的基础，在历次整顿与改革中有可能被毁掉。尽管能够得到地域民众的敬奉，但要想有较大的发展实属难事。宋代的敕封无疑为灵湫信仰的发展提供了最佳契机。以后历代祷雨成功的事迹，又进一步为灵湫信仰的发展起到了助推作用，使灵湫成为当地有影响力的神灵。

在灵湫信仰的形成过程中，我们看到了民间信仰的生成路径：从自然神到人格神。灵湫信仰基本的内容框架是《山海经》中的记载，这是所有故事的逻辑起点，但是再往上溯，尤其是在文字不成熟的阶段，民间传说与故事应为文字记载的来源，它靠民众口耳相传。《山海经》只不过是对

---

① （宋）王大定：《灵湫庙赐敕石刻》，光绪《长子县志》卷七《金石志》；《三晋石刻大全·长治市长子县卷》，三晋出版社2013年版，第362—363页。

其故事进行了整理与加工，使故事的过程更加完整、系统，也成为后世所有故事的源头。可以说，《山海经》不是故事的原型，但一定是一个重要的拐点。在后世的传承过程中，地方文人对《山海经》故事的解释与利用起到了重要作用，民众的解释与加工起到了助推，这个故事后来的多样态表现即是双方交互的结果。这样形成了一个螺旋式上升的形态（如图1-12）。

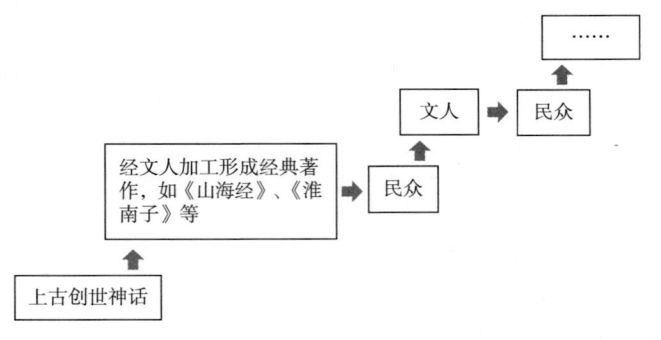

图1-12 民间信仰的生成路径之一

二 灵湫信仰的传承

历金元至明清，官方数次祷雨成功，一次次扩大灵湫庙宇的规模，在官方信仰中的地位逐渐底定。在灵湫神庙的历次修建中，官方都起着主导作用。可以看出，长子县在祈雨仪式之中对灵湫神的依赖较强。在地方官员的提倡、组织下，吏民不断赴灵湫庙祷雨，帮助民众度过难关。

明清以来，尤其明显。据碑刻记载，洪武二十年，"不雨，豆麦将槁，禾麻未播，官民愁苦，举无聊赖"，在县丞冯测的引导下，知县率众"祷卜，期三日，俄顷，云行雨施，如天瓢之需焉。阖境沾足，官民交庆"。后新任知县张居礼（县志无载）来宰是邑，值天微旱，带领僚属躬祷祠下，大雨三日，远近优渥。因此修庙立碑。[①]

嘉靖八年夏，"蝗自河南来，食稼"[②]，给潞州民众带来了极大的灾难。虽然此次灾害在史志中并无明确记载，然而蝗灾必然为旱灾所致，由此可

---

① （明）陈伯揖：《重修灵湫庙碑记》，洪武二十年，《三晋石刻大全·长治市长子县卷》，三晋出版社2013年版，第75页。
② 乾隆《潞安府志》卷十一《纪事》。

以推知当年潞州旱情严重。长子县同样未免于难，于是知县王密①亲自撰写祷雨文：

> 自天一涵水，以肇山下出泉，盈科而进，放乎东海，固地灵呈奇，而实坤道无疆之神异矣。迩来亢旱，来鼙告急，固有司不职之责之致也。伏望阴阳协和，山泽通气，云行雨施，用苏万物，乃粒蒸民，是真神异也。假使止于细长而不能大溥，或能润下而不能上腾，是有源之行潦也，而何以其异为哉！再考圣女，俗传派衍炎皇，祀主灵渊。窃谓父子一体也，继述当善也。先皇教民耕稼，以奉天心，用赞化育，万世永赖久矣。兹者旱魃，无将若父之苗槁矣，尚希溥勺水以泽民物，因干父盅厥绩攸长，而谓仙闺无境外之志。然则炼石补天，聚灰止水，娲皇氏何等其人也耶！谨具牲醴，用申微诚，伏惟尚飨！②

不久，即大雨滂沱，庄稼得以雨水滋润，民众度过了难关。为了表达民众虔敬的心灵，并感激上苍带来的福音，王密撰写了谢雨文：

> 维嘉靖八年四月二十九日，长子县知县王密等谨以牲醴庶羞，敢昭告于灵湫之神而言曰："维天之命，于穆不已。"感而以诚应。故汤之旱卒解于桑林之祷，而尧之水乃平于警予之时，惟神也亦然。先得无私之造化，早知有觉人之心，于时春旱，辄祷辄应，今者夏荒，复祷复应，且合境溥沾，界邻有限。呜呼！非神私我长子？惟神监于愚衷。自今伊始，体好生之不已，妙接济之有加，必使万宝告成，蒸民是赖。休祯骈臻，弊病顿革。庶使愚顽有司轻薄棰楚，以济群生，全广至德，以奉天心。勿谓请粟之冉求不满于夫子，而惟以怀橘之陆绩盖重于袁术。呜呼！愚衷伏惟尚飨！③

这种溢于言表的心情在碑文中得到了充分体现，也表达了民众对于神灵的虔诚信奉。一些文人也对祈雨成功大加赞叹："大地骄阳火烈空，谁

---

① 康熙《长子县志》卷三《职官》："北直唐山人，进士，刚明果毅，豪右为之敛避，缮修城垣，以御流寇，[群]盗闻风走匿。详见《名宦》。"
② （明）王密：《灵湫祷雨文》，嘉靖九年，康熙《长子县志》卷六《艺文志·文》。
③ 同上。

知霖雨待神龙。云飞铁骑尘寰黑,电掣金蛇宇宙红。万物成形沾化育,三农拜手仰神功。欲将郊外葱青景,写入南山旅次中。"①

从目前保存下来的碑刻中,可以清晰地看出,官方祷雨二十余次,尤其是明清以来,更为频繁。每一次祈雨成功都会加深信仰的程度,也会使民众进一步维修庙宇。从以下史料可以看出灵湫庙历史修建情况:

皇庆元年:"复饰正殿五楹四檐,有加其轮奂,圣像绘塑,金碧灿然。暨五楼三楹,创作青璅,施以五彩。是公心所造之妙也。至于殿宇飞翚之壮丽,腾蛟起凤,而门暨□悉涂以丹臒。"②

洪武二十年:"于是……维之营之,不日而成。重修正殿六楹、周檐回廊暨神门一所。又增左右两庑各四楹。"③

嘉靖九年:"庙之基址仍旧,特岁久黯然而已。今焕然一新,草木争辉,水山映色。庙前增以莲塘数亩,伟然一壮观也,诚足以妥神于冥冥也。"④

万历三十三年:"因其殿宇,重以丹臒,塑像更新,金碧烂然。坚其两庑,前厂大门而奕之为三楹,绣栭云楣,巍然□□□。其北庑之中,两楹以通于后为官厅,增置正厅,南向及左右室、东西向各三楹。大门之左有小泉出,湛然如线,引之为池。顾池方成而泉竭,而池之内四隅陡有四泉飞出,喷如琼□□□盈池,观者骇然。"⑤

顺治年间:"重建正殿三楹,方耸其上,外有山门,所以固神扃也。"⑥

在官方主导下,浊漳河源头的灵湫庙不断扩建,官员不断前往祭祀。

---

① (清)王尧都:《灵湫祷雨有应》,康熙《长子县志》卷六《艺文志》。
② (金)王谦亨:《重修灵湫庙记》,皇庆元年,《三晋石刻大全·长治市长子县卷》,三晋出版社2013年版,第71页。
③ (明)陈伯揖:《重修灵湫庙碑记》,洪武二十年,《三晋石刻大全·长治市长子县卷》,三晋出版社2013年版,第75页。
④ (明)王密:《重修灵湫庙记》(照片),嘉靖九年,现存长子县房头村灵湫庙。
⑤ (明)陶鸿儒:《重修灵湫庙记》,万历三十四年,《三晋石刻大全·长治市长子县卷》,三晋出版社2013年版,第111页。
⑥ (清)宋之伦:《重修灵湫庙记》,顺治六年,《三晋石刻大全·长治市长子县卷》,三晋出版社2013年版,第127页。

但是灵湫庙距城数十里，祈祷很不方便，地方官员为了免除劳顿之苦，于是在城内炎帝庙内修建了灵湫行宫，便于官方祭祀。神农庙在城北熨斗台，当地人称为北高庙，"金大德四年建。明天顺三年，知县郭质率安怀坊民郑责重修。国朝顺治十八年，王毓恂倡众复修，有碑记。乾隆十四年，张镇重修。庙内灵湫殿亦金时建立，俗称灵湫之神，帝女也，故附祀云。岁以三月十八日有司致祭"①。这次复修时，冯爵为之作记："先新正殿，次重建寝宫，台下两腋旧有隙地，气脉不联，补建殿各三楹，一祀八腊，一祀财神，院中旧有舞楼，残破已甚，且嫌遮障，改建牌坊，玲珑爽垲。牌坊之右新建官厅，为有事于庙斋沐憩息之所，移大门南向，辟广神路，用壮观瞻，其他殿阁廊庑未改作者，俱置色料更新，浑朴完固，不徒饰一时耳目，经始于己巳二月，竣工于七月，费金一千四百有奇。"② 将灵湫与炎帝合祀一庙，合情合理。此次重修，花费颇多，此举进一步强化了灵湫信仰在区域社会中的重要地位，更多的民众有机会将自己的信仰付诸行动，使灵湫信仰在民众心中的积淀越来越深。

表1-2　　　　　　　　　　灵湫庙分布

地点	庙宇状况	资料来源
长子县房头村	据庙内碑文记载，创建于宋政和元年（1111），明嘉靖年间（1522—1566）、清道光年间（1821—1850）均有重修。占地面积540平方米。坐西朝东，二进院落布局，现仅存正殿为清代遗构，面宽二间，进深二间，单檐歇山顶。庙内存明、清重修碑9通	实地调查
上党区东下郝村	创建不知何时，占地面积80平方米，坐南朝北，一进院落布局，仅存正殿，面宽二间，进深一间，悬山顶，庙内存清代重修碑2通	
上党区看寺村	创建不知何时，2016年重修。占南面积500余平方米，坐北朝南，二进院落布局，正殿为重檐歇山顶，面阔五间，进深三间	
长子县庞庄村	庙已不存，仅存碑刻1通	http://www.sohu.com/a/222403006_400764

---

① 嘉庆《长子县志》卷四《坛祠》。
② （清）冯爵：《重修熨斗台碑记》，嘉庆《长子县志》卷十六《艺文》。

三 灵验事迹与民间记忆

灵湫信仰能够在区域社会中确立自己的地位,首先是神农氏的道德价值,其次是祈雨的灵验。

灵湫神是神农炎帝的女儿,是"名门"之后,按照一般的逻辑思路与价值判断,自然具有较高的社会道德,这也是民众之所以借女娲来代替山神、充当源神的重要原因。在此思路下,民众又为其赋予了亮丽的光环,为其增加了神性,使其法力大增,能够保障水源,为民降雨。他们在重修碑刻中抒发了自己对神灵的敬仰之情,"粤常稽诸传说,神是炎帝之圣女,生有圣德,祭而灵显,膺封□□□是山之源,著显仁藏用之功,昭威声赫灵之迹,福庇一方,为官民祈祷之所,故远(尔)[迩]莫不钦崇焉"①。万历年间,长子大旱,苏子纶在祷雨文中写道:"再恳于神,伏惟尊神呼吸,即须臾之风雨叱咤,为俄顷之雷霆,下念元元,上达苍苍,甘霖丕降,以舒目前之急,则不惟解万姓创悬之苦,而神亦无负敕赐之名。况神系出炎帝,炎帝擢种以遂民生,而神不为之降泽以救万姓,是岂所谓善继述耶?事在燃眉,非若往时之犹可遣者,惟神其洞察而照鉴之。"②

道德作用是敬神祭祀的基本原因,也即中国传统"神道设教"思想的体现,是大多数神灵具有的基本功能。灵湫信仰自不例外。正是靠这种思想,才使得灵湫信仰在当地存续下来。在官员经常性的祭祀之中,亦表达了这种心情,"浊漳之水,神司其源,锺德灵长,不泛不溢,润泽所加,一泻千里,惟福斯民。阐于有宋,赐号灵湫,龙漳辉映。迨我皇明,丕显灵异,捍患御灾,厥功懋著"③。事实上,灵湫神的职责体现于方方面面,尤其对于民众而言,更是不加分辨,有事便祷。其道德作用在社会上愈亦明显。嘉靖间县令王密梳理了灵湫神的职责与功绩,进一步阐发了炎帝及其女儿——女娲在历史上的传承、对民众的贡献,对灵湫神予以充分的肯定,他说:"长子之西,有泉曰灵湫,出自鸠山之下,其详不可得而闻也。

---

① (明)丁彦信:《重修灵湫庙记》(照片),永乐十八年,现存长子县房头村灵湫庙。
② (明)苏子纶:《灵湫祷雨文》,嘉庆《长子县志》卷十八《杂著》。
③ (明)易鹗:《敕赐灵湫祭祀告文》(照片),成化十四年,现存长子县房头村灵湫庙。

且以近而考之,可以验其神也。其水澄而清,是其神之有洁也;其源悠而久,是其神之不息也;其流遹而急,是其神之正直也。泻于螭口,潺潺有声,归宿东溟,混混不竭,膏泽长子,浸润殊方。其神为何如也?呜呼神矣!非主之者神其神,而何以神其神哉?主之者炎皇之三子,而莅于是也。昔者炎皇,教民稼穑,乃粒蒸民,神其神于有肇;而三圣统灵源,又灌溉乎斯民。在炎皇,可谓克开厥后;在三圣,可谓善继其志于有永也,善述其事于有绩也。"①

然而,道德教化之功最终必然以现实性的意义体现出来。自宋以降,在国家与民众的双重力量主导下,灵湫神充分发挥了其主要职能——降雨,促使其能够在社会上广泛传播。官方多次在灵湫庙祈雨成功,助长了灵湫信仰的泛众化。

民间的求雨仪式与灵验故事是民众信仰的基础。缺乏实在的功能与灵验的故事,神灵则会失去泛众化的前提,逐渐在民间社会被淡忘。庙宇得不到修缮,故事亦无人讲起,使神灵处于被遗忘状态。目前,大多数民间信仰就处于这种状况。由于长期无人问津,致使民间信仰越来越离开信奉的主体,成为一种割裂的文化形态。

灵湫信仰的集中地是以房头村为中心的区域以及与房头村有关系的村子。房头村(属长子县)是农历三月十八庙会,东下郝村(属上党区)是三月十九日庙会。自古以来,给"灵湫奶奶"过会遵循"先婆家""后娘家"的程序。对此,两县两村共同遵守,绝无疑义。并且还传下了三月十八由东下郝村派人组团前去房头村"取水请神"、由房头村盛宴接待圣母娘家贵宾的习俗。为慎重迎接"圣母灵湫"回娘家省亲,同娘家人同乐,村中的老者们在每年会前都会自发聚集,商讨过会准备,并责成专人分头把关祭祀仪式。三月十七,在村戏台旁设"祭风祭雨"坛,然后列队赴石佛寺、佛坛庙、关帝庙、土地庙告神,呈表圣母回乡,敬请诸神关照,迎接款待。其时,鼓乐吹奏,鞭炮齐鸣,沿街押贴,告示各路神仙凭符朝觐圣母尊容。仪式完毕后,再回祭坛,宣布去长子灵湫庙"取水请神"的村民名单。(图1-13)

---

① (明)王密:《重修灵湫庙记》(照片),嘉靖九年,现存长子县房头村灵湫庙。

图 1-13　长子县看寺村祭祀

"取水请神"名单也大有讲究，既可以自动报名，亦可以由村中老者挑选。一般要符合两条原则：比如，属马、属羊、属龙的可以前去；再比如，名字好听的，像叫"来好"的可以前去，因为来好、来好，来了就好。经过诸如此类的挑选，即刻组成"请神"大军。三月十八凌晨，"取水请神"人马启动，百里兼程，前往长子县房头村。大约在中午时分，请神队伍到达。房山村的村民们早已列队恭候，迎接圣母娘家人入庙祭拜，请驾动身。中午房山村民要宴请东下郝村人。酒足饭饱后"取水"，而后引神返程。途经叼黄、晋义、石哲、贾村、南陈、南漳等数十个村庄至长子县南李末村。此村设有"歇马店"，在此举行"驿站歇马"仪式后，再起程至东下郝村的东岗子上，这里专辟有"圣母神道"南北通衢。迎神走完神道，才将牌位、圣水送入"灵湫庙"内，供祈人索取，迎神仪式告一段落。三月十九晨，东下郝村所有村民都会选出族姓代表，入庙祭祀"灵湫奶奶"，祈愿圣母显灵，甘施润雨，赐福安康。整整一天，东下郝村的灵湫庙内供品如山、纸扎如云、香火旺盛，四邻八乡也有民众进庙焚香、索取圣水、祈求平安。①

民众经常在乡绅、社首的组织下或自发组织起来祈雨。在采访中，有许多人会记起当年祈雨的盛况。据说20世纪末还举行过，只不过后来越来越少了（图1-14）。

---

① http：//roll. sohu. com/20120401/n339601756. shtml。

图 1-14　长子县房头村采访

问：村里有谁懂？有没有求过雨？

答：求过，很灵验。

问：你见过没？在解放以后。

答：求过，外头人都来这求。

问：怎么求？你说说，比如哪些人可以去？

答：男的可以去，女的不行，要带个柳条编的帽子。

问：去多少人？

答：几个人也行，除了女的，小孩也可以，多少都可以。

问：要干什么？

答：祷告啊，烧香啊。

问：怎么祷告？

答：说好话。

问：说什么好话啊？

答：说天太旱了，不能生活了，求着下点雨吧。还没回去，就下雨了。

问：哦，还没回就下了。哪些村会来？

答：都会来，有时候开车的都来。

问：几个村组织？还是一个村组织？

答：一个村、一个村弄。

问：有没有两三个村合起来办的？

答：有，遇到大旱的时候。

问：小旱没人求？

答：没有。旱的实在不行了，就求雨了。

问：在哪求？还是在水池那？

答：不是，在庙里。要烧香。

问：光人去？拿不拿水啊？

答：有啊，灌点水。

问：去哪拿，在下面池里灌点水？

答：嗯，就在水池里灌水。

问：用不用什么供品啊？

答：不用，庙里有供品。

问：有没有什么讲究，献点猪呀，羊呀？

答：没有，没有，什么都行，糕点什么的都行。老爷肚大，什么都行，不知者无罪，只要心意到了，都行吧。

问：对对对。在乎有心意，不在乎什么东西是吧。

问：你去求过没？

答：求过，年年去求。

问：你讲讲具体时间是在什么时候？早上几点能去？

答：多会都行。

问：你们去的时候怎么去啊？村里有没有组织？大家一起去？

答：三四个人吧，自己想去都可以。

问：一家派一个代表？

答：献香，不能穿红的，白的也不行。

问：那能穿什么颜色的？

答：能穿蓝的，黑的，红的。

问：怎么求？

答：转一周，烧个香，取灰。

问：一般求了几天下雨？

答：当天就下，很准，很灵验。

问：能敲锣打鼓吗？

答：不能，还怕给吓跑，你把雨也冲了。

问：哦，就是正常去就行了？

答：哦。

问：所以就算是少下点就下点。

答：嗯。（此处几句话听不懂，大概意思是在求雨时候不能冲了神灵，求雨的时候女的不能在场，因为有女的不好，地位不高，抬不起头来。）

问：求雨之后有没有表示？

答：有，去感谢感谢。

问：是拿东西？唱戏？还是说书？

答：都行，有钱的时候唱戏，没钱的时候说书，放电影，并且祷告老爷说："我相信你，所以就给你唱戏说书，看歌舞。"

问：一般唱几天？

答：三天。

问：过会时你们去不去？

答：都去烧香，求神发财。都要去。

问：除了求雨，还求过什么？有没有求孩子的？

答：有，生男生女，拜个雨……可多了。[①]

而在房头村，吕满金老人也讲述了求雨的过程，大致内容基本相似，有些细节亦不完全一致，主要是民众记忆的欠缺以及讲述者的选择。无论如何，透过这些讲述者的语言，我们可以看出灵湫庙求雨的大概要求。

问：有没有三奶奶显灵的故事？

答：就是求雨。

问：那怎么求雨呢？

---

① ×××讲述，采访时间：2016 年 8 月 17 日，采访地点：长子县房头村，郝婷婷整理。

答：以前复杂，现在简单多了。开着车。

问：你多大了？

答：六十多岁。

问：你见过求雨没？

答：没有，他见过（指着旁边一位年纪更大些的老人说）。

问：怎么求呢？您说一说吧？

答：黑的（指天黑了）时候，戴个柳帽，路上不叫（让）有人，有人怕被冲了雨，还需要在庙内跪着祷告，并且烧香，不让人出来，等走了，才能出来。（旁边的人说，该受访者是曾经在庙里住过的，当时因为没地方住，就住庙里了。）求雨很灵，有一年干旱得特别厉害，祷告以后，四周就都上来了云彩，雨是跟着人走，走到哪，下到哪，赤脚赤背。见过杜家庄的人来求雨，跪的膝盖都流出血了，脚都磨破了。

问：那次灵了没有，下了没有？

答：下了。

问：那是哪一年？

答：大概就是五六年前的时候。

问：就是最近的事？

答：再后来就是开着车来了，灌点水就更灵，长治（县）现在主要是看寺（村）为主，店上（村）就可以来可以不来，求雨店上为主。曾经打过官司，但是输了。

问：打什么官司？

答：就是争三奶奶，每个村都说三奶奶是自己的。我每年会去看寺（村）。

问：求雨有没有什么讲究？就是不能穿什么，或不能干什么？

答：有。

问：什么人能来？有没有属相的要求？

答：没有，要是哪个村来就哪个村来，不能乱了。

问：有没有人数限制？

答：没有，多少人都可以。

问：摆的供品有没有要求？

答：没有，随便。社的时候求雨是抬着桌子的，各村的都有，抬着桌子，上到营坊的时候喝点米汤，梁门、西沟、后沟、刁黄，各村都抬上供品来，在桌上摆的东西很多，再加上音乐，就是有锣鼓队，还不能穿鞋，下雨也得走。①

在灵湫神的"信仰圈"内，看寺村属于重点村落，笔者在此采访，也得到了一些与此不同的情节。

问：这个庙求雨吗？

答：求呢，附近的村都来。原来是看病呢？许愿的时候就是过来还愿。

问：这三个奶奶都嫁到房头村了？

答：不是，这三个奶奶是结拜的姊妹三个，只有三奶奶成了神了。

问：奶奶姓什么？

答：姓精。看寺是姥姥家，房头山是婆家，山上还有坟。这三个地方是有亲戚关系的。

问：取水吗？

答：先在这里烧香，拿个符，属龙的才可以去房头村取水，拿个盆，把柳树支盆里，再去房头村取水。

问：求雨的时候，在接回老奶奶以后，会不会把老奶奶抬出来在村里转一会？

答：不会，直接烧香就好了，之后三五天就下雨了。

问：会不会求雨成功了，过来还愿？

答：会，会来还愿。

问：求雨的时候供什么？会是猪头什么的吗？

---

① 王春秀讲述，采访时间：2016年8月17日，采访地点：长子县房头村，郝婷婷整理。

答：啥也行，但是老奶奶不吃荤，不吃鸡蛋，吃素。三个奶奶是结拜的姊妹。

问：三个奶奶会不会这个求雨，这个求子，什么的？

答：不会。

民众的记忆将灵湫信仰不断传承下去，细节越来越多样化，在历史的长河中不断淘汰、过滤，最终在不同区域形成了框架相同、细节差异的同一类型民间信仰。

第二章 传说人物：昭泽王信仰

长治市潞州区捉马村中现存一座庙宇，称昭泽王庙。三进院落，创建年代不详。坐北朝南，正殿供奉昭泽王，面阔三间，进深三间，单檐悬山顶，柱头斗栱五踩双昂。殿内塑有昭泽王像，山墙上绘有昭泽王一生事迹的图画。左角殿为土地殿，右角殿为牛王殿。正殿前为献台，献台对面为新修舞楼，面阔三间，悬山顶。两旁为山门，香客行人从东山门进入。东西厢房各五间，分别建有药王鲁班祠、子孙娘娘祠、风云雷电将军祠、三圣公主祠，均为卷棚顶建筑。正殿背后为两层殿宇，下层供奉九天圣母，上层供奉真武大帝，创建于明嘉靖七年（1528）。左角殿为机神殿，右角殿为二仙殿。正月十五、四月初四有庙会①。

第一节 焦公故事及解读

在浊漳河流域，一直流传着一段关于焦公显圣的故事，其故事至少到元代已非常成熟，情节较为丰满、详细。这一传说不仅在民间流传，而且得到了士人的关注，并且由于其影响较大，士人为其撰写了本纪。现传木刻本纪（图2-1）约七千字，概述了焦公的生平及死后神绩。今天重读焦公故事，可以看到一位形象饱满、经历丰富、本领传奇的传说人物。据现有资料推断，焦公故事到元代已经成型，其本纪应该是明代中期的产物。

---

① 事实上，四月初四的庙会与昭泽王信仰无关。因为庙内有九天圣母殿，庙会日期为四月初四，现今流传于潞城区贾村一带的赛社即为此而祭。

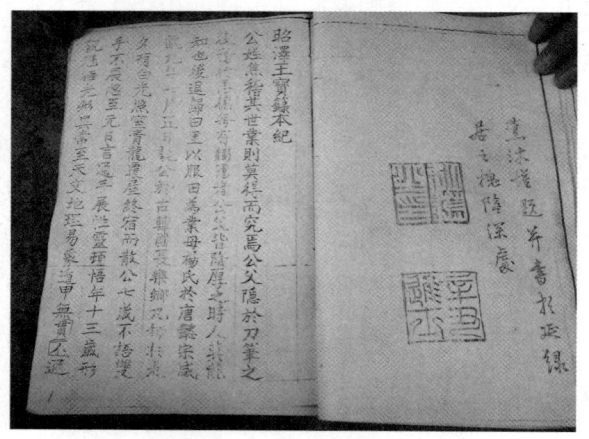

图2-1 昭泽王木刻本纪

一 焦公生平

焦公生于唐懿宗咸通九年（868），卒于唐昭宗天复二年（902），享年34岁。其一生是充满神话的一生，是富有传奇的一生，是为国为民奉献的一生。正因如此，才使得他在升仙之后能够继续为民众保平安，谋永福。民众将其神化，既是对其功绩的肯定，亦是他们对美好生活的向往。只有在传说故事中，民众才能看到希望和幸福。

（一）神话般的出身

关于焦公的信息，一般资料均记载为：姓焦，名不存，唐懿宗咸通九年（868）七月初五生于古韩国长乐乡九师村。但是，清人路焕纹却有不同记载：焦公名方，"降生于唐显化①间，韩州合章招贤坊人也。"② 在郭庄村的相关记载中，认为焦公俗名焦七。③ 显而易见，焦公其人，历史上是有争议的。就这几种观点而言，路焕纹的记载出现了明显错误。显化年号在历史上并未出现，不知路焕纹的观点自何而来。

关于其家世，相传其祖上为阴阳世家，其父为小书吏，为人宽厚、多善举，后辞官以种田为业。焦公降生时，"有白光照室，青龙覆屋，经宿而散"④。这种说法延续了历代正史纪传体的叙述方式，每一位取得非凡业绩的人在出生时皆有异象，这种异象预示了焦公后世非同寻常的经历与成绩，这是古代造神运动和谶纬神学的影响，焦公出世的异象也预示了其后能够取得非同凡响的业绩。"青龙覆屋"则显示了焦公死后化龙的传说，在当地，焦公被称为龙王、焦泽龙王、荄子龙王，仙升处称为"龙洞"。

在民间传说中，民众对焦公身世进行了想像化的建构，他们运用历史上的元素、"合理"的想像、富有逻辑的推理将其神化，使我们看到了一位与普通人不同的异人形象：

> 初，姑嫂二人于漳河岸洗衣。见漳河清洁，不漫不支，有桃一枚随波逐流，姑嫂争取而姑乃独吞焉。由是，有胀腹彭彭而以为病焉。历三年，忽产一男。⑤

这种故事是神话故事中感生神话的翻版，即弗雷泽所说的"接触

---

① 历史上并无此年号。不知此说从何而来。
② （清）路焕纹：《重修昭泽王行宫碑记》，清光绪至民国元年，民国《襄垣县志》卷六《营建考》。
③ 《郭庄昭泽王庙》，桑爱平主编：《人文襄垣丛书之五·山水名胜》，北京燕山出版社2011年版，第107页。
④ 《昭泽王宝箓本纪》（复印本），现存上党区王童村村民家中。
⑤ （清）李增荣：《复叙昭泽王功德碑记》，民国十一年，《三晋石刻大全·长治市襄垣县卷》，三晋出版社2015年版，第451页。

律"①，商的始祖契、周的始祖弃等均以此种方式降生。按一般逻辑，既然焦公有超人的能力，能为民众解决困难，那么他在出生时就应该异于常人。在《望儿峧的传说》《三月十八日送子奶奶生日》（图2-2）两则故事之中，不仅讲到他母亲的非正常受孕，而且对其出生之后的经历进行了想像性建构。

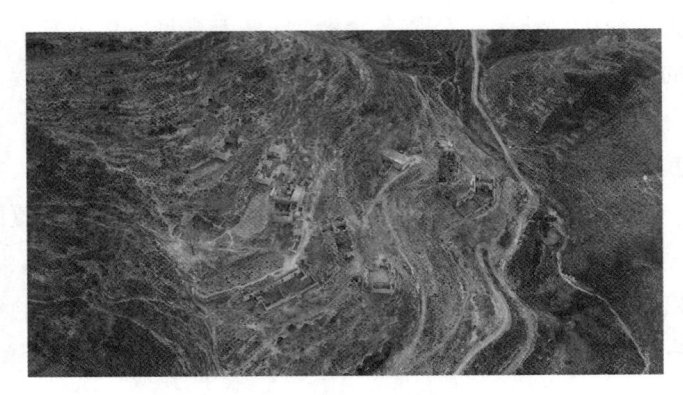

图2-2 黎城县望儿峧村

　　故事发生在历史上的不知何年何月，当时北底村的小河边上，住着一户人家。一日下雨过后，这家的姑嫂两人来到河边看涨水，无意中发现从上游冲下来一颗桃子。这颗桃子粉的皮儿，红的尖儿，绿的叶儿，煞是招人喜爱。眼疾手快的小姑子一把将桃子抢在手里，并作秀似地在嫂子面前炫耀道：好大的桃子！随之在鼻子前闻了一下，就在这个时候，那个桃子却惊人地一下子从小姑子的口中窜进了肚子。刚开始，谁也没将此事记在心上，可是，时间一天天地过去，小姑子的肚子却莫名地一天天鼓起来，吓得她整天也不敢出门了。……一日深夜，在毫无办法的情况下，她独自一人从家中逃了出来，沿河东去。……中午时候，到了马鞍山背面的一块洼地。这时，她的腹中突然一阵绞痛，顺利产下了一名男婴。生下孩子以后，她拿了些茅草，铺了些破旧衣衫，将这个小生命放在了上面，忍泪离去。到了马鞍山脚下时，她忍不住回头一看，这一看，却着实让她大跌了一次眼镜：一只雌性狐狸

---

① ［英］弗雷泽：《金枝》，徐育新、汪培基、张泽石译，新世界出版社2006年版。

在用自己的奶水喂养着男婴，天空有一只老鹰张开了双翅在为其遮阳。①

不难理解，这则故事应该是在上则故事之上的加工和润色，其中文人的想像成分已非常明显，尤其是对桃子的描述、主人公的神情、心理，犹如身临其境、亲眼所见一般。因此，在故事的流传过程中，文人的作用不可低估，文人群体是民间故事传承与丰满的重要参与者。文人与民众共同塑造了神灵的形象（见第一章第三节灵湫信仰生成路径图）。另一则故事虽然主角并非焦公，但其中的人物形象非焦公莫属，主角是其母亲，即民间信仰中的送子奶奶。

相传，送子奶奶实有其人，本名叫王朝娣，系襄垣县北关村东厢房人。传说王朝娣出生时，东厢房上空"有祥云朵朵，金雀成群"。朝娣出生后，心灵手巧，擅长针工，描龙镶凤，无师自通。16岁那年夏天，和其大嫂到北底小河洗衣裳，小河上游冲下一个鲜桃，朝娣用棒槌将桃子赶捞到岸旁独自吃了。回到家后，竟有了妊娠反应。十月将至，肚皮鼓鼓，遭到父母哥嫂责骂，王朝娣无奈，独自一人离家出走，沿浊漳河东行，行至东宁静村黄栌嘴，腹痛分娩，产下一男婴。朝娣将儿子用衣裳包好，弃放于黄栌嘴山梁东坡一柿树下。行至石柱岭，回头一望，见放婴儿地方的上空老鹰成群遮凉，树下金钱豹喂奶，坡上巨蛇吐信护卫。朝娣急回头将弃婴抱起，往岚沟一带谋生。②

以上两则故事与周的始祖弃的经历非常相像。弃的母亲姜嫄由于履巨人迹而怀孕，因此生下弃后便将其置之树林，人多不便；置之街巷，牛马避之；置之冰上，鸟为覆翼。在焦公出生的民间传说中，充分利用了这种叙述方式，使得焦公的身世更加离奇、怪异。这便是民间故事的复制性。民间故事在传承过程中，必定要得到士人的加工，他们将正史中的一些元素加在民间传说之中，使其更加活灵活现，形象更加丰满，更加具有"合理性"。

---

① 《望儿峧的传说》，郎丽宁、桑爱平：《人文襄垣丛书之十·故事传说》，北京燕山出版社2011年版，第13页。

② 《三月十八送子奶奶生日》，屈毓华、桑爱平、王新民：《人文襄垣丛书之六·民俗风情》，北京燕山出版社2011年版，第36页。

对焦公的出生，还有一种叙述方式：

> 盘古是上古开天辟地之人，他的夫人名叫育蛟。有一天，育蛟到三漳合流的襄垣合河口洗衣裳，发现河中央兀起一块大石头，上边盘着一条大蛇，吓得她慌了神，回到家里，不久便身怀六甲。盘古怀疑其有外遇，她为表明自己的清白，就寻了短见。育蛟死后，其弟弟和弟媳为其做"五七"，见其姐育蛟坟上坐着一个白胖的小男孩，其弟和弟媳将其抱回家，认作外甥。舅母给小孩缝了个红兜。因其母叫育蛟，故为小孩起名蛟子。①

在这个故事的叙述中，仍运用了"感生神话"方式，只不过是细节略有变化，由吃桃子变为看到蛇，但基本内涵是相同的，都是要证明焦公非同寻常的身世，这就是民间故事的同质性。

正是由于这种非正常的受孕，使得焦公及其母亲在后来的生活中遇到了艰辛。在传统礼治社会，这些都是要受到民众非议的，因此他们很难生活在正常的社会之中。于是，一种结果是母亲自杀，留下孤独的焦公；另一种结果是母亲带着年幼的焦公，外出寻求生活，日子过得特别艰难。这时候，民间故事中的另一个角色登场了——"舅舅"。在这些故事之中，舅舅这样一个特殊身份出现次数较多。无论是在襄垣县上峪村八仙湖传说中，还是在上党区王童村故事中。

在焦公的名字中，民间故事记述各不相同，有：峧子、蛟子、茭子、焦子等，均为谐音。无论是姓氏、还是指一种作物（茭子在晋东南就是指高粱。图2-3），还是指地名，均指向一种相同的发音，这是民间信仰在传播过程中的一种变化，是一种正常的、常见的现象。在古代教育不发达的情况下，大多数民众不识字，民间故事主要靠口耳相传，其间的人名、地名等均会出现谐音现象，有时会用本地人名、地名予以附会，就形成了民间故事的在地化，这种差异是可以理解的。而初步具有文化知识的人员，还要在传承过程中根据自己的理解和想像，使故事发生得更为合理。如果有

---

① 《龙王落泪处》，郎丽宁、桑爱平：《人文襄垣丛书之十·故事传说》，北京燕山出版社2011年版，第277页。

人质疑故事中的欠缺或矛盾之处，还必须能够自圆其说，在这种情况下，民间传说故事发生了多种变化，并逐渐向丰富化、合理性过渡。所以，时间愈往后，故事的情节愈丰富，神灵形象愈丰满，逻辑愈严密，内容愈庞杂。

在焦公故事中，发生的地点众多，有上党苏店、襄垣北底、甘村、东宁静、望儿峣、东峪、武乡龙洞、黎城马鞍山，这些地点现在均为昭泽王信仰的重要地方，因此，故事便从此处讲起。故事都讲到了焦公不平凡的身世，从小艰难的经历以及自小便有神通广大、特异功能的事例。这些都成为他日后显灵的基础。

图2-3 荴子

（二）除妖降魔的经历

民间故事的人物传记分两种类型：一种是自小聪颖，学贯群书，各种技艺，样样精通。另一种是自小呆笨，后忽开窍，最终成就一番伟业。综合不同的故事，两种类型在焦公身上兼而有之。资料显示，直到七岁，焦公仍然"两手拘禁，言语塞滞，状貌类愚人"。忽有一日，焦公张口说话，手指伸展，聪慧过人。明代碑文则与此不同，认为"王姓焦，潞之襄垣人，其父祖阴阳术数，王生而颖悟。及长，形貌魁伟，丰彩神异，济人利物，神变莫测"[①]。到十三岁时，"形貌魁梧，光彩异常，至天文、地理、

[①] （明）王宗登：《重修昭泽王庙记》（拓片），嘉靖三十一年，现存长治市潞州区捉马村昭泽王庙。

易象、遁甲无不贯通"①。清人路焕纹记载为："年十五，精阴阳术，复遇太乙真人授以神符，其后措施无不如意。"② 虽然各人记录焦公学道的年龄有所不同，但其技艺却相差无几。均为道家修身养性、长生不老、奇门异术。尤其是遁甲之术，是道教驱邪的一种专门技能。焦公有了这些本领，才能打败各种妖魔鬼怪。

唐懿宗广明年间（880），长安闹饥荒，全国各地社会动荡，起义不断，民不聊生，焦家为了避乱迁至襄垣县南。景福年间（892—893），焦公24岁，正月八日夜，梦日华灌顶，神光绕体，有天人自空而降，引二童子携一玉函，内有灵文宝箓，对焦公说："我奉太清境上清宫中太乙真人并六甲六丁神符付汝，汝当敬而受之，行此以度世人，傥不生邪见，汝可上证仙位。"醒来后，果有天书玉函，但未能读懂，其父招聘四方贤人为之讲解，但均不能识得此书。于是焚香诚祷，忽有神人自天而降，愿为其教。至暮，有二道士前来，原来正是梦中之人。焦公欣喜万分，延为上宾，待之以礼。将书中内容详细讲解，焦公熟记于心。在离别之时，道士对焦公说："我不指望你报答我，只要你能常怀正直之心，为百姓祛除邪僻，具忠孝家国之心，存体恤救人之意即可。"并教其使用符箓，以镇鬼魅，以避罪蛟；再送太上降龙玉印，天旱则驱龙降雨，逢大水则劈波划流，但切不可贪财图报，否则祸且不小。自此之后，焦公云游名山大泽，养精练气。

乾宁元年（894）六月，襄垣县忽降暴雨，大沟小川暴涨，灾害严重，村人多方救灾，均不得法，焦公闻知此事，遂前来施法，用符镇住水患，使浊漳河水复原故道，乡人才避过一难。众人感其恩德，遂立生祠，时时祭祀。自此以后，焦公进一步学习道家法术，驱魔逐怪，保证了当地民众的安稳生活。

焦公法术在民间传说中也有一些记载：

> 14岁起就整日在岚沟山里为申家开山地种庄稼，使申家成了拥有五百亩良田、九百只羊群、三百头驴子、六百头老牛的殷实户。随着年龄的增长，桃生③和申家女儿莲花相亲相爱，申家嫌桃生门户不对，

---

① 《昭泽王宝箓本纪》（复印本），现存上党区王童村村民家中。
② （清）路焕纹：《重修昭泽王行宫碑记》，清光绪至民国元年，民国《襄垣县志》卷六《营建考》。
③ 即焦公，前文所叙其母因吞桃而孕，故起名曰桃生。

遂赶朝娣母子出门。桃生找申家人理论，讨要工钱，申家不给。桃生大怒，随即背起母亲朝娣，纵身飞上黎城广志垴山顶，安顿于寺庙内。出庙院后，脚踏祥云，呼风唤雨，顿时电闪雷鸣，倾盆大雨，直泻岚沟，一顿饭工夫，将申家五百亩良田、家畜、粮物冲了个精光。①

在这些说法中，我们可以看到明显的差异，一种是呼风唤雨，冲毁良田；一种是镇住水患，造福民众，但其中亦有一定的合理性。正因为焦公能够呼风唤雨，他才具有神力，能够运法自如。当然，为害于民并非英雄的本质所在，而是一种迫不得已、教训坏人的做法。

焦公在宁静村（图2-4）修行时，见潭中有一小龙，可怜它的处境，于是将就其放出，让其能够腾云驾雾，希望其能为百姓带来雨泽之润。但小龙出水后，一下子得到自由，开始为患，兴风作浪，毁坏民田，给民众生活带来灾难。于是，焦公派出六丁神捉拿小龙。焦公来到浊漳河下游，见二龙在水中打斗，天昏地暗，不可开交。于是放出符光驱走二龙，现二龙口就为其地。他又来到前山一水池边，看到池中妖气腾飞，怪云飘荡，就知此处有妖怪出没。于是运用法力，将其逼出，原来是一只巨兽，便用法力将其驱逐。之后，他来到三王山前，发现追逐多时的小龙潜藏于五龙池中，便集天兵六甲神将水池围住，用印罩住，命六丁神将其捆绑，至黄山建坛，依照天律进行处罚，铲去其爪牙利角，使其不得作怪，并将此处

图2-4 襄垣县东宁静村龙王庙

---

① 《三月十八送子奶奶生日》，屈毓华、桑爱平、王新民：《人文襄垣丛书之六·民俗风情》，北京燕山出版社2011年版，第37页。

命名为龙曲山。

焦公与龙、蛇等妖怪的斗争，在民间不断传承，得到了人们的认可和称赞。至今民众讲起，仍是滔滔不绝，眉飞色舞，手舞足蹈，让听者感到焦公真的存在，进而认为这些故事是真的事实。焦公斩杀蟒蛇的故事也在马鞍山一带流传：

> 六月初六到了。小秃子被打扮得花枝招展，沐浴、焚香后，就往山上送。头领等把他送到半山腰的神庙前，草草叩罢头，便率众而返，并对小秃子说："你快上山吧！上去就能成仙成佛。你要是逃跑，就抽你的筋、剥你的皮！"小秃子从容地回答说："各位放心好了，我哪儿也不去，只要能风调雨顺，让乡亲们吃饱肚子，过上太平日子，我就心满意足。"小秃子径直向山上走去，冯老汉心如刀绞，他默默地提着放羊铲子尾随在后边。他看见小秃子走到洞口，整了整衣冠，从内衣里摸出一把剑来，高喊道："畜生！你的末日到了，还不出来受死！"刹那间，那条大蟒张着血盆大口，摇头撩尾地蹿了出来，在洞前的小坡上和小秃子展开一场恶战，从前晌直杀到天过午时，那白蟒遍体鳞伤，渐渐不支。只见那乌云滚滚，电闪雷鸣。冯老汉被一声霹雳惊得如梦初醒，他见小秃子持剑向蟒头砍去，也不顾生死，一个箭步上去，用铁铲照蟒的腰部铲去，两人一直将白蟒剁成几段，方才罢手。白蟒死后被埋在洞外，如今蟒冢还在呢！①

乾宁四年（897），襄垣县城地裂，潭水泛滥，给西岸民众造成了巨大灾祸，乡民请焦公前来降妖。焦公知道这是土鳞成精，毁坏农田，于是画两道符，投入水中，顿时黑气升起，土鳞逃走，解决了这次灾难。又有一天，他在草堂独坐，看到东南方妖气横空，又有妖怪作乱，于是他召集丁神，用灵符追击，最终将妖怪擒住，再一次为民除害。至此，乡民每遇瘟疫疾疠、妖魔鬼怪，便会前来相邀，焦公每次都会为民众解决灾难。

光化年间（898—900），东岩有一常姓居士，早年学习道家法术，老

---

① 《昭泽王庙》，郎丽宁、桑爱平：《人文襄垣丛书之十·故事传说》，北京燕山出版社2011年版，第66—68页。

年喜欢佛教，附近人们经常以之为师。他听说焦公有驱龙宝印、回水灵符，便来拜见，希望能够目睹神异。焦公无法推辞，只好给他演示。于是常氏将焦公带到一条河边，这条河水中有妖龙，身长千尺，人莫敢犯。焦公不知是计，便放心演示。他用符箓搅池三周，又将符丢入水中，开始念咒，忽然水中黑雾腾空，雷电交加，苍龙万丈，自水中卷起。常氏吓得魂不附体，焦公举印驱龙，含了一口水喷向苍龙，镇住苍龙。常氏领教了焦公的法术，虽心中赞叹，但又不便明示，还想进一步领教焦公的本领。于是他说："听说你在洞中修炼，可否带我一观？"焦公便带领常氏进入洞中，洞中怪石嶙峋，小龙出没，阴森可怕，并且只能前进，并无退路，常氏吓得瑟瑟发抖，魂魄尽散。焦公念起灵法，常氏如在梦中一般，跟随焦公在洞中行游，迷迷糊糊才出了洞口。整个行程，战战兢兢，股栗发软。出洞后，不敢回头再看。自此，常氏对焦公心悦诚服，内心敬仰。这则故事记载在《昭泽王宝箓本纪》中，通过常氏的形象从侧面凸显出焦公非凡的本领，使焦公的形象更加伟大，其胆魄、能力，均成为民间英雄的重要内涵。

天福①二年（902），上党妖魔为害。时太守王佑②邀请焦公帮助平息祸患，焦公欣然前往，竭尽全力为民除害。之后太守将此事上奏皇帝，焦公被封为"云雨将军"。③

二　身后显荣

（一）焦公显灵

后唐昭宗天复二年（902），焦公去世，时年34岁，葬于武乡县南五

---

①　后晋高祖有天福年号，936—943年；后汉高祖亦有天福年号，947年。疑为天复，唐昭宗年号（901—903）。

②　乾隆《潞安府志》卷十四《职官上》，王佑，宋乾德935时人。详《宦绩》。同书卷十七《名宦》，第776页。"王佑，字景叔。大名举人。杜重威辟邺支使，劝无背汉，坐是贬沁州司户参军。宋乾德中，太祖征太原，已济河。诸州馈集上党城中，车乘塞路。上闻之，将以稽留罪转运使。赵普曰：'六师方至，而转运使以罪获闻，敌必谓储□不充，有以窥我兵。俾能治据者，往莅其州。'即使佑知潞州。及至，馈饷无乏，路亦无壅，寻班师，召还。太平兴国，知河中府。"虽然两处名字稍有不同，但显然为同一人。

③　以上相关内容均出自《昭泽王宝箓本纪》（复印本），现存上党区王童村村民家中。

里，即现在的将军坟。民众在洞旁为其立庙，以后屡屡显灵于当地。最初是帮助军队与"草贼"战斗，取得了胜利。史载："清泰二年（935），草贼啸聚，官军不能禁。忽洞起红云，空中若有铁骑声，乱石飞下如雨，贼党孑遗。加封'灵侯爵'，以长乐十六村租税为王香火资。"① 这些事迹均与求雨无关，这是焦公的本来形象。对人物形象的塑造是民众自己形成的。民众会根据自己的需要，根据自己的理解，对神灵形象进行加工。因此，在其后的发展过程中，焦公的形象与职责进一步衍变，其中最重要的一种形象就是雨神。

在传统社会，许多神灵都具有降雨的功能，但是，并非所有的求雨都能灵验，民众会根据实际需要对更大范围的神灵进行祈祷。关于向昭泽王求雨的经历，据史籍记载："开运二年，旱魃为灾，凡诣洞求雨应如响。后来求雨自此始。"② 这是关于焦公降雨的首次记载。后来，求雨应验之事越来越多，天福四年（939），焦公被封为"显圣公"。至宣和元年（1119），加封为"昭泽王"。明清时期，降雨成为昭泽王信仰的主要职责。

民众在祷雨时，虽然没有严格规定，但还是有一些要求的。柳枝、草帽、焚香、接水等重要的仪式都要具备，在多数地方，这些物品具有较大的相似性。"遇旱魃，长幼成群，咸戴柳枝、幡幢、笙鼓迎龙神，置坛场拜祷，得雨方止。秋趋各村乡醵钱，祀里社五谷之神，行报赛礼。亦有行于三四月者，谓之春祈。"③ 武乡县令岳维城在诗中也对这种现象进行了描述：

调任汾阳留别武乡人士

六月山陬旱虐时，艰难徒步祷龙祠。翳生蒿目成云障［丁亥……（已泖）］鉴及蓬心格雨师。乞得连年鱼入梦，笑分五斗鹤充饥。好驱竹马④迎兔旆，新政从头拜惠兹。⑤

在对民众的采访过程中，他们亦讲述了当年求雨的情形。到了天旱

---

① 无名氏：《昭泽王传》，乾隆《重修襄垣县志》卷七上《艺文志》。
② 同上。
③ 乾隆《武乡县志》卷二《风俗》。
④ 武乡一种民俗。
⑤ 民国《武乡县志》卷四《艺文》。

时，就要求雨，如果进龙洞求雨，就要找引洞的人。在黎城县南委泉、北委泉村都有引洞人。

（二）关于焦公封号的考述

焦公一生为民除害，死后屡次显灵，得到了国家的重视，因此被封为"昭泽王"。但关于焦公受封时间却有较大差异。大量资料均显示自宋代始，但亦有金、元之说。"龙洞庙，在县南门内东，祀唐本县焦将军，讳方，乾宁元年建。宋崇宁二年，赐额灵济庙。大观四年，特封甘泽侯，宣和年封昭泽公，金时晋封为王。"① 其中宋代说最为普遍。

宋代是道教发展的重要时期，也是神灵被封赐的时代，尤其是徽宗、钦宗时期，封赐之神不计其数。但是，就目前查阅到的《宋会要辑稿》中，赐封"昭泽王"的仅有一位，即东汉冯绲。

> 冯将军祠。按：此指东汉冯绲。在（荣）[渠]州流江县。太祖开宝三年封应灵侯。神宗熙宁九年，封应灵公。徽宗崇宁二年，赐庙额"济远"，三（月）[年]九月，封惠（顺）[应]王。高宗绍兴十五年七月，王父封惠安侯。二十二年四月，王弟降房校尉允封协恭侯，王子孝廉、郎中鸾封济美侯。三十年八月，封惠应王母曰衍庆夫人，王妻曰显佑夫人，王弟协恭侯妻曰顺佑夫人，王子济美侯妻曰淑慎夫人。隆兴元年九月，改封曰淑静夫人，以本州言，所封"淑"字下一字犯孝宗嫌名，乞改封故也。孝宗乾道八年十一月，惠应王加封惠应昭泽王。②

赐号"昭泽"的有四位：

> 张遁祠。大都督张遁祠在隆庆府武连县。徽宗大观三年十月赐庙额"昭泽"。

> 总真洞龙神祠。在安喜县大茂山。神宗熙宁九年二月封利泽侯。徽宗政和五年赐庙额"昭泽"。

---

① 光绪《襄垣县志》卷九《建修·庙宇》。
② 《宋会要辑稿》"礼二〇之一五九"，中华书局1957年版，第844页。

嘉山潭龙祠。在常州武进县。光尧皇帝绍兴七年八月赐额"善利"。十二年十月，封昭泽侯。

官池龙洞神祠。在嘉庆府巴渠县官池里。按巴渠县属夔州路达州，历代并无嘉庆府。宋高宗绍兴二十九年正月，赐额"灵泽"，三十二年十一月，封昭泽侯。①

焦公真正被封赐的只有"灵济""甘泽侯"。据史料记载："焦将军祠，在襄垣县。徽宗崇宁二年二月，赐庙额'灵济'。大观四年正月，封甘泽侯。"② 至于何时封昭泽王，则是以讹传讹之事。明人马暾在修《潞州志》时，已经意识到了这一点，因此，他指出："宋、元加封为王，恐非正礼。"③ 此说具有一定的合理性。可见，昭泽王之称应该是民间的俗称。一方面是根据宋代的赐封，另一方面是根据民间传说，在不断传承的过程中，最终以昭泽王在民间留下了深刻的印象，使得昭泽王成为焦公最终的封号。关于宋代加封为王之事，实为民众根据自己的意愿对焦公进行的尊崇。其心情可以理解，但却难为事实。这是民间信仰的特性，虽然受正统礼制的制约，但同时亦有自己的发展轨迹。民间传承不拘于礼，带有很大的任意性，随着时间的流逝，可以将一些不合理的故事、非正常的礼仪、无中生有的赐号正常化。

明初，朱元璋对神灵予以赐封，将昭泽王改称为"海渎龙王神"（图2-5）。不久后，洪武三年，朱元璋对民间信仰进行了改革、厘正，他认为皇帝封神不合礼制，废除以前所有封号，只称本名。废除了城隍神的王、公、伯等称号，山神只称本地山神，④ 其中，昭泽王改称"龙洞神"。但是在民间，很快又恢复了往日的称呼。这些，在历代重修碑记中均有体现。清代，襄垣县知县陈宗海祷雨成功，特为昭泽王请封，于是，被封为

---

① 《宋会要辑稿》"礼二〇之三一、七二、七三、七八"，中华书局1957年版，第780、800、801、803页。

② 《宋会要辑稿》"礼二〇之一六〇"，中华书1957年版，第844页。

③ 弘治《潞州志》卷八《襄垣县志》，中华书局点校本1995年版，第391页。

④ 关于洪武改制，滨岛敦俊、赵轶峰、许檀、张传勇等人均有研究，彼此之间也有很多争论。笔者以为，洪武改制与明初皇权强化有不可分割的关系，朱元璋一方面在国家政治中强化了皇权，另一方面也通过信仰的方式强化了对各级、各部门的管辖。因而"洪武改制"成为明初加强集权的一个信号。

"康惠昭泽王"。同治十二年,又加封"灵感"。①

图2-5 武乡县南神山神祠

三 焦公与道教

透过焦公的一生,我们可以看到,除了以上这些异质之外,其与道教有密不可分的联系。对焦公的分析,亦是对地域社会的文化梳理,可以看到浊漳河流域的一些文化特质。

就目前所见资料,在元大德之前,民间已广为流传关于焦公的传说,武乡人王汝楫第一次将其事迹正式刻碑保存,成为我们目前看到的《昭泽王宝箓本纪》大纲。从《昭泽王事迹铭》中,清楚地列举了焦公与道教的关系。

七岁以前,焦公迟钝,生性愚笨。七岁以后,开始有所改变,遍览群书,学习大有长进。十三岁时,"夜梦天神赍玉函,内有符印宝箓",而这些均是道教之物品。并且运用这些工具,为民众除掉了妖怪,保障了社会平安。"是时,乾地砾风霾,洪水方割,公飞符投水,妖遁水却。"这是焦公首次将所学本领用于实践。在碑刻中,亦有类似的记载:"焦泽龙王,古韩襄邑人也,降生于唐咸通间。初,姑嫂二人于漳河岸洗衣。见漳河清洁,不漫不支,有桃一枚随波逐流,姑嫂争取而姑乃独吞焉。由是,有胀腹彭彭而以为病焉。历三年,忽产一男。生而颖异,专喜玄黄吐纳之术,

---

① 光绪《襄垣县志》卷六《营建考》。

兴云吐雾、呼风唤雨，无不精焉。"①

第二次运用技能是与常氏的比试。常氏认为自己本领超强，听说焦公非常有名，于是提出较量，但是经过几个回合的较量，最终甘拜下风。在他们的竞技过程中，均使用了道教法术。焦公"擎印驱龙"，显出技艺。通过二者的比较，使得焦公的形象更加突出。

唐朝末年，妖孽频频作怪，给民众的生活带来了困难。"妖疫数起，太守王祐求俾乂公至，使影迹绝灭，随事奏闻。朝廷位赐'风云将军'。"②这是焦公事迹首次得到官方认可，并以封赐的方式给予了较高的荣誉。

通过以上分析，我们可以得出结论：焦公是实实在在的一位道教人物，有一些奇技异术，为民众解决过实际问题。正如明人对此记载："唐懿宗时，有道士姓焦者，受太乙真人法入洞修真，遂坐化。"③进一步印证了我们的结论。道士为民众解决疑难问题的案例在农村并不罕见。笔者儿时亦曾听闻一些深藏道术的民间人士，为百姓寻找失物、"侦破疑难案件"，甚至也参与过一次，但并未见其效。在焦公去世后，民众将其事迹神化，不断流传，并增加新的内容，使得很多亮丽的光环集于焦公一身，进而由"神化"至"神圣"，一位俗人就此成为神灵。明人王宗登自小便经常听长者讲述焦公故事，对此他记述道："尝称王之灵显，凡遇岁旱，男妇疾疫，即于王所。有祷辄应，捷于影响，以故岁无凶荒，民鲜灾疫，其庇祐我一方者如此。"④因此，民众为其立庙祭祀，使得焦公信仰逐渐扩展，并成为当地重要的地域神灵。

后唐、后晋之后，焦公信仰借助灵异之机进入国家祀典。宋代被封为"甘泽侯"，金代被封为王⑤。元世祖南渡，进一步显灵，被封为"海渎之神"。明朝朱元璋改正祀典，以其得道仙升之地予以封赐，封为"龙洞神"。但是在民间，昭泽王的称号却被继承下来，一代一代流传下来。其

---

① （清）李增荣：《复叙昭泽王功德碑记》，民国十一年，《三晋石刻大全·长治市襄垣县卷》，三晋出版社 2015 年版，第 451 页。
② （元）王汝楫：《昭泽王事迹铭》，（清）胡聘之：《山右石刻丛编》卷二八。
③ （明）李浚：《祷雨感应记》，正统八年，乾隆《重修襄垣县志》卷七上《艺文志》。
④ （明）王宗登：《重修昭泽王庙记》（拓片），嘉靖三十一年，现存于长治市潞州区捉马村昭泽王庙。
⑤ 大概是昭泽王。史料不清。

实,明朝洪武三年厘正祀典,在不久后即名存实亡,因为民间信仰自有其自身规律,民众有自己的信仰要求,国家制度只会在一时起作用,并不能从根本上改变民众的心理愿望与要求。昭泽王在民间的称号越来越广,越来越正式。至迟在正德年间,已恢复了昭泽王的称号。①

焦公信仰在宋金元时期的发展,为明清时期的进一步"泛众化"打下了基础。而宋金元时期又是道教势力发展的极盛时期。至晚唐以来,道教势力有所抬头,在唐武宗、后周世宗对佛教势力的打击下,道教得到了发展契机。

宋朝对道教士人大加封赐,在宋真宗、宋徽宗、宋钦宗时期,极力抬高道教,尊崇道教,给他们上封号。并且对各地神灵赐号、加封,从《宋会要辑稿》可以清楚地看出这个现象。宋代焦公被封侯,正式列入国家祀典,从淫祀到正祀走出了具有决定性的一步。从此以后,他的发展有了合理的支持。

金、元之际,道教势力进一步发展,在北方形成了全真道,与南方的正一道相并立。丘处机在成吉思汗西征时期立下了大功,因此受到元政府的重视,促进了北方道教的发展。正如碑刻里说:"国朝大元,德侔天地,象明日月,申饬政化,律严祀事。"民间人士为焦公重修庙宇,使其在地方社会的影响大增。至是,"遂铲崖堙卑,驱石剪棘,削污壤阶,创建两庑,弩材垂愈,鼠技已穷,若更历繁难,奚堪于通敏老成,何有功未画告辞,嗣闻堪职者,其胡公委任也。若时登庸,敢不只服训,命鸠众殚力,捐财恢复宏规,开拓遗址,补苴罅漏,枝梧邪倾,以门以墉,燥湿有庇,晨夕董视,不日功成。栋宇榱楹,涂丹朱臎,截然一新,林木阴森,圣泉汤瀹,群峰市秀,接远涧之清流,泻松峦之积翠,信一方壮观之地"。在这次重修过程中,官方力量"达鲁花赤药火难、典史樊宝"也参与进来,使得昭泽王的地位逐渐稳固,在民间社会广为流传。②

---

① (明)侯勋:《古黎重修昭泽龙王碑铭记》(照片),正德六年,现存黎城县上马岩村昭泽王庙。此庙弘治八年(1495)碑刻中将其称为"交泽龙王",其实是"昭泽龙王"的另一种称呼,二者除了表述上的不同,并无实质性差异。

② 以上三则史料均出自(元)王汝楫《昭泽王事迹铭》,大德元年,(清)胡聘之《山右石刻丛编》卷二八。

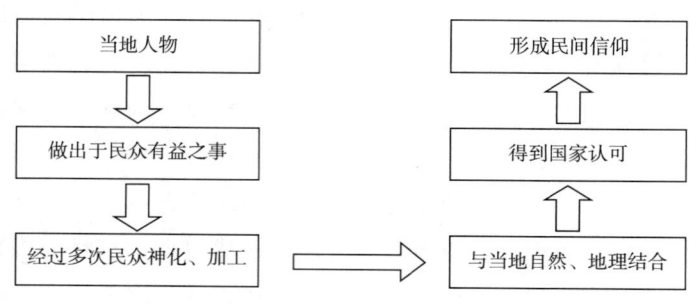

```
当地人物 → 做出于民众有益之事 → 经过多次民众神化、加工  ⇒  与当地自然、地理结合 → 得到国家认可 → 形成民间信仰
```

图 2-6 民间信仰的生成路径之二

第二节 昭泽王信仰的功能及其意义解读

对于一个神灵，其形象是民众"刻画"的结果，民众在针对自身需要的基础上，通过改变其神灵形象以体现自身的要求和愿望。昭泽王信仰是浊漳河流域独特的民间信仰，自难出其窠臼。但是，我们还应该注意到"国家在场"在民间信仰中的作用。换言之，国家的介入对民间信仰的深化与传播也有着重要的促进作用。它通过制度和政策影响着民间信仰的发展与传播。

祭祀有正祀和淫祀之分，而淫祀是国家予以限制和打击的，淫祀只有获得大范围的信仰与祭祀才有可能转化为正祀。对于正祀来说，国家的支持是其发展的基础，最常见的方式就是封号、赐额等。只有通过这样的方式，神灵才会具有合法身份，得到社会的认可，积聚起传播与传承的基础。昭泽王信仰之所以能在浊漳河流域形成如此大范围的信仰圈，主要是其功能与职责所致。《礼记》云："法施于民则祀之，以死勤事则祀之，以劳定国则祀之，能御大灾则祀之，能捍大患则祀之。"[1] 只有有功于国家的神灵才能进入国家祀典，得到国家的认可，在社会上广泛传承与发展。昭泽王信仰因其功绩得到民众与国家的共同认可，逐渐向周围传播，最终成为区域性神灵。

---

[1] 《礼记》卷二三《祭法》，王文锦译解，中华书局 2001 年版，第 675 页。

一 驱妖除怪、造福于民

昭泽王自幼"好清净恬养符水之术,凡天文、地理、易象、遁甲,咸臻其妙莫测所自。日处静室中焚修为事,不以术自衒。景福元年,夜梦日华贯顶,有道者送以石匣,曰此天真赐汝也。觉而开视之,皆龙文虎篆,莫可辨识。将军秘而藏之,遇异人指授,兼赐龙玺宝剑各一,遂能轶风驾雾,鞭笞鬼神,出入幽显,无碍神游"①。在其师父教授其道术时亦说:"遇有毒邪鬼魅,避罪蛟螭,用符逐之,当如所在,则不能害汝矣。"② 这些法术成为日后昭泽王驱邪避患的重要技能。

昭泽王首次运用法术是在县东山,见"有云气旋绕,内闻婴儿声。公怪而视之,见穴内有黄狐五只,用符箓逐之,遂狼狈遁去。公隐其中,名曰五狐嵓"③。其后历次除掉龙、蛇、疠气等怪异之患。唐昭宗在位时,漳河发生两次水灾,均由昭泽王予以治理。第一次是"乾宁元年(894)六月,天降暴雨,沟浍骈集,浊漳泛滥,直冲决堤岸,以为民患",在人们愁苦交集之际,昭泽王受县令之邀前去降妖,到了壁底村,将符投入水中,使漳河水复还故道,灾难解除。第二次是"乾宁四年(897)三月,县西古清城南地裂生风,潭水泛溢,崩摧西岸,乡人患之,请公求治"。昭泽王运用法术,知此为土鳞作怪,于是书符二道,投于水中,一时黑气腾空,土鳞逃去,漳河水退。两次与妖怪做斗争,皆获胜利,使民众获得了安全的生活环境,得到他们的赞扬,故而"耆老人等感德立生祠,成石像以祀之"④。

昭泽王还能够抵制冰雹,使庄稼免受灾害。民间流传着昭泽王为百姓免除冰雹的事迹:

> 据说,焦公与舅舅去辽县赶集的时候,因肚子饿得不行,跑到当地的庙里把供奉的祭品吃了,当地村民就说:"那是给神仙的祭品,

---

① 俞汝为:《昭泽王小传》,乾隆《武乡县志》卷五《艺文上》。
② 《昭泽王宝箓本纪》(复印本),现存上党区王童村村民家中。
③ 同上。
④ 同上。

你怎么能乱吃呢?"焦公说:"我也是神仙。"村民不信,把焦公赶出了庙里。后来实在饿得不行,碰见一个好心人给了他一碗饭吃。焦公为了回报他,就告诉他,让他回到家里制作些小黄旗,插在自己家土地里。这位好心人照着做了,没过几天,辽县下暴雨,带着冰雹,把辽县的土地庄稼全都砸死了,唯独在土地里插着黄旗的这家人庄稼没有受到损失。①

降妖除怪均为道家基本法术,可以运用咒语、符箓、宝剑等达到目的。焦公在世时,运用这些宝物为民除害。在其去世之后,民众更多的需求是求雨,于是焦公的职责便由驱妖除魔变为降雨。

二 清寇镇雹、有功于国

如果说仅仅有功于民,则焦公之事迹也只能在民间坊肆流传,其威望及影响亦仅停留于民间。要想让焦公成为正祀,得到国家认可,则必须有功于国家。在神灵形塑的过程中,这一环节是必不可少的。民众在传承过程中,会将这些元素逐步融入,并用灵验的事例通过文人之笔将其"合法化"。在文集、地方志、碑刻中加以记载,使这一"事实"逐渐成为真正的"事实",其身份在民间便具有毋庸置疑的确定性,其地位与威望亦渐渐树起。自唐代起,焦公屡屡显灵,助官军剿寇、助皇帝度难,因此得到朝廷敕封,最终奠定了其在浊漳河流域的信仰地位。

五代后唐清泰二年(935),草寇啸聚,官军不能平定。有一天,突然从武乡县焦公修炼洞中涌起一片红云,并且从空中传来铁骑之声,飞沙走石,石如雨下,叛贼大都被打死。事后,官府向上奏闻,朝廷加封焦公为灵侯。② 至元朝时,世祖忽必烈征伐南宋,在渡海时发生危险,焦公在危难之时显灵,助世祖度过危机。事后,加封焦公为"海渎昭泽王"。③ 国家的敕封,使焦公在民间信仰中的地位日渐巩固和提高,进而从淫祀上升为

---

① ×××讲述;采访时间:2017年3月26日,采访地点:黎城县西下庄村,王凯轲整理。
② (清)(无作者)《敕封康惠昭泽王碑记》,同治二年,《三晋石刻大全·长治市襄垣县卷》,三晋出版社2015年版,第780页。
③ (清)魏宸拱:《移建海渎龙王庙》,光绪《武乡新志》卷三《金石考》。

正祀，得到地方官员乃至皇帝的祭祀，但是仍未完成民间信仰从区域性神灵上升为普遍性神灵的转换。

在中国传统社会，遇有灾异，朝廷必须到四渎五岳祭告天地，求神灵赐福。灾祲越严重，祭告的范围越广，其虔诚之心越诚。"《传》：山川之神，则水旱疠疫之灾，于是乎禜之；日月星辰之神，则雪霜风雨之不时，于是乎禜之（注疏见《久雨祷条》）。"① 嘉靖三十四年（1555），陕西、山西发生特大地震，死亡无算。为了赈济弥灾，嘉靖皇帝派邹守愚前往武乡南神山祭告。

武乡南神山又称南山，"在县东南三里，有观音井、八角池，上有南山神庙"②。焦公庙亦在南神山神祠（图2-7）奉祀，因此，此次祭告既有南山神，亦包括对焦公（时称海渎神）的祭告。从中可见焦公信仰在地方神灵之中的显赫地位。其祭告诏书如下：

图2-7　武乡县南山神庙祭告海渎龙王碑

祭南山神海渎神文（明嘉靖三十五年二月二十九日）

皇帝遣户部左侍郎邹守愚致祭于南山之神、海渎之神曰：维神受命上帝，镇奠一方，兹者山西蒲、解、泽、临汾、临晋、翼城、闻喜、襄陵、灵石、安邑、荣河、平陆、高平、芮城、夏等州县及河东运司各因地震接连千里，响声如雷，震倒房舍、压死人民不计其数，惟兹

---

① 《文献通考》卷八八《郊社考二十一》。
② 乾隆《武乡县志》卷一《山川》。

灾变异常，予深用惶恻，特遣大臣敬斋香帛，往诣祭告，伏冀明神，赞天敷佑，干旋化机，潜消劫难，锡福生民，地方其永赖焉。谨告！

祭南山神海渎神文（附）

户部右侍郎邹守愚率兵备副使汪来、都指挥王玉致祭于南山之神、海渎之神曰：天子明圣道，在位天地而抚神人，宵旰忧勤，期臻盛化。乃者，地震之异，出于非常，圣心恻焉。惧神之不安于居也，不以余为不肖，亟遣以告于神适然之变，母亦出于数而不可逃者耶，神其母或震惊，又知神之显灵于兹土，以予为善事神者，亟祷以虔请于神，冀锡之鉴，和阴阳，兴云雨，蕃登五谷以康，乂我人民，则固神之能也。神其母或靳惜守愚，不揣以不腆之羞，敢用邀惠于神聿，以予言为信也。俾予借以上欢宸衷，下辑民和，庶简用兹行，或者讬神以诣谷，而神不亦永显耀于来兹也，维神其鉴之！①

崇祯十年（1637），武乡县大旱②，民众在海渎龙王庙祷雨成功，于是在土河村修建昭泽龙王庙，请邑人魏云中为其写记。魏云中感激神灵助人度过旱灾，认其为乡邑盛事，于是欣然应允。在碑记中写道：“云雷风霆，彬杉灿烂者，象其威护宗社生灵之实也。功威难名，恩泽日著，海渎龙王真千古神豪哉！予也视师西夏，勤王德胜，三平流寇，再克河曲，俱神默佑，敢吝阐扬。至其功威德泽，保国卫国，实人人能言之，不过阐其功德应祀状以厚风化耳，靡过誉也。”③ 不仅重叙焦公一生之事迹，而且回顾了昭泽王在历史上的灵迹，将自己的钦佩心情记于笔下。

焦公一生除恶去怪，为民众带来了安定的生活环境，死后显灵，保障国家和地方社会的安全。其事迹虽无从考证，或者仅为民众的构想和揣测，但是，其在民众心中的地位和信仰愈来愈重，在区域社会中的影响也逐渐强化。对焦公的信仰成为当地民众心灵的期盼，民众对故事的建构是根据其一生之事迹辅之以文学化的想像而得，因此，焦公故事是民众建构

---

① 乾隆《武乡县志》卷四《艺文上》。

② 关于此次旱灾，县志中记载，崇祯十一年，"先旱后风，民饥，人相食，邑人巡抚魏光绪东西立厂施粥，又立慈幼局收养路旁弃儿，存活者数千人"。

③ （明）魏云中：《大明创建敕封海渎王庙碑记》，崇祯十一年，光绪《武乡新志》卷三《金石考》。

的基础，长期在社会中的流传又进一步丰富了焦公信仰的内容。如此周而复始，一位形象丰满、经历丰富、神迹繁繁的民间信仰便在地域社会生根、发芽，直至茁壮成长。

三 施雨祛旱、泽被生民

在昭泽王信仰的功能之中，祷雨是民众主要的诉求。关于太行山特殊的地理环境与缺水情况，许多学者都做过研究，此不赘述。① 在这种情况下，民众向天祈雨成为生产生活中的重要内容。而昭泽王在历史上留下了许多祷雨灵验的事迹。这些事迹一直激励着人们祷雨。

在民间传说中，关于焦公与雨的故事颇多，因此焦公死后人们以龙神相称，亦具有逻辑上的合理性。这成为民间传说的起点与核心。

> 第二天，蛟子回到家，跪在二老面前说："天上有旨，命我归位。甥儿原本是天上水神，四海龙王昨日填沟之事舅父已知，你可去找财主要工钱，这工钱足够你二老后半辈生活。二老以后若有难事，可到上峪村九沟'海龙王'处找我！"说完，将红肚兜解下，一个电闪冲天而去。②

如果说昭泽王仅仅是龙王，这个故事便太过简单，在民间故事的传承与发展之中，民众不断加入自己的想象与合理推论，使故事逐渐变得完整，将龙王降雨之事更加鲜活地展现于世人面前。

> 有一年，苏店一带遭到了百年不遇的大旱，人们整天发愁。有个和小秃子要好的小伙子说："我怀疑小秃子可能就是东海龙王的黑仔，他头上的秃疮不是砍龙角时留下的伤痕吗？"人们联想到他在苏店时的情况，越议论越觉得神奇，于是，有人提议去找小秃子来救灾。人们让小秃子的舅母去说情，她感到为难情，经乡亲们再三恳求，她才答应去碰碰运气。
> 到了襄垣马鞍山的山洞，他们见两个白胡老头在弈棋。舅母正要

---

① 王建华：《山西灾害史》，三晋出版社2014年版。
② 《龙王落泪处》，郎丽宁、桑爱平：《人文襄垣丛书之十·故事传说》，北京燕山出版社2011年版，第277页。

上前说话，其中一位老头说："我家洞主今日有事，不能会客！"另一个老头指着石桌上的一个小瓶子对她说："你把这瓶里的水带点回去吧！"舅母连忙将自己随身带来求水的小瓶取出，走过去就倒，老头忙制止说："只需一两滴足矣！"老头儿说着帮她滴了水，并随手捡起一枝枯草对她说："你闭上眼睛，就骑它回去吧！"她刚闭上眼，就觉得耳边生风，腾身雾里。心中害怕，两眼一睁，两脚就着了地，抬头一看，乌云密布，见一条黑龙腾空而去。她定睛向周围看了一阵，才知道这里已经是长治北门外了。后来人们就把这地方叫卧龙岗。她怕着了雨，急忙向前赶路，当走到王童村时，回头一看，身后的坡都黑了，雨就在后边紧跟着。至今，人们还是把王童村叫"黑老坡"呢！①

这个故事与灵泽王李靖降雨有相似之处（本书第三章），但是使昭泽王的降雨事迹更加鲜活，民众对故事的叙述更加完整。因此，天旱向龙王尤其是昭泽龙王祈雨，便成为襄垣、武乡、黎城三县官、民的重要活动。在官方的正式文献中，也有许多记载。这些与民间传说互相呼应，使民间传说具有了合理性。

焦公能够降雨，最早从后晋开始。"开运二年，旱魃为灾，凡诣洞求雨者应如响。后来求雨自此始。"② 因为祈雨成功，民众开始为焦公请封，"天福四年，加封为'显圣公'。宣和元年，加封为'昭泽王'"③。民间对焦公称昭泽王亦自此始。

民众赴洞祷雨，是昭泽王信仰的重要组成部分，是昭泽王流传于民间的关键环节，其与生产生活的关系非同一般。也正因此他担负起了降雨之责，使得昭泽王信仰在浊漳河流域逐渐扩散。清人魏怿对此评价说："遐迩而共信者，犹莫如入洞取雨一事，每当旱魃之为虐，炎灾立至，禾苗待槁，无论上自官厅，下及庶民，斋戒沐浴，设坛取雨，果虔诚祈祷而优渥沾□，可以立俟，则兴云致雨，其救民真所谓生死而骨肉也，关系岂浅显哉？"④

---

① 《昭泽王庙》，郎丽宁、桑爱平：《人文襄垣丛书之十·故事传说》，北京燕山出版社 2011 年版，第 68—69 页。
② 无名氏：《昭泽王传》，乾隆《重修襄垣县志》卷七上《艺文志》。
③ 同上。
④ （清）魏怿：《焦龙洞记》，光绪《武乡新志》卷四《艺文》。

祷雨，是官、绅、民三者关系的进一步融合，是一个严肃、神秘而必须的事情。一到天旱，民众四出无方时，必定要通过祷雨的方式度过难关：

> 今甲寅①之夏六月，日行南陆，炎帝司权，久当蕴隆之厄，民方忧患，我公即禁屠沽、止刑讼，斋戒，精诚步祷，为士民先，遵旧时岁旱祈雨于神龙之洞。迨回，公科头跣足，偕僚属绅士日行炎赫中，数武一叩，八庙殿拜，极其诚敬，如是诚者三日，而公弗之息也。一日正躬祷时，忽密云四布，大沛甘霖，公且途体沾足，拜礼如初，则是惟知雨之可迎而不知雨之可避也。②

在官方组织的求雨活动中，地方官员是主体，要表现出与民同苦的形象，要表现出虔诚致祭的决心。在这些祷雨过程中，县官朱衣荣停止了一切行政事务，斋戒步祷，充当民众之表率。并且光头赤脚，与民众一路磕头，来到昭泽王庙前，虔诚祭拜，连续三日。最终求来了甘霖。这一举动，得到民众的赞同，于是，他们为朱公歌功颂德，认为是朱公的虔诚与昭泽王的恩惠为他们降下了雨泽，"上者能先百姓之忧而忧，始能后百姓之乐而乐，此其挽回天意，轸念民情，一转移间而子妇之咨嗟号叹，忽变为欢欣歌舞也"③。

同治年间襄垣知县陈宗海④也有一次成功的祷雨经历。

> 今夏闰五，天时亢旱，苗禾枯槁，人民号呼。我侯日夜焦思，尤形于色。乃齐心赴康惠昭泽王庙，竭诚默祷。复率廿八里往鹿泉山，敬取法水。躬亲步祷，为士民先。然，仅得微雨，民以为未足。越日，复谕北底村诸香老虔赴龙洞取水。兼施以度支废用，不耗民间一钱。侯科头戴柳，步祷步接，于炎天赫日之中，历崎岖二十余里之遥。归即斋宿王庙，朝夕展拜，沥诚吁恳。将及三日，邀余等于庙。

---

① 即康熙十三年。
② （清）贾待旌：《朱公祷雨记》，乾隆《重修襄垣县志》卷七《艺文中》。
③ 同上。
④ 光绪《襄垣县志》卷九《职官》：陈宗海，顺天大兴人，同治元年任，节俭爱民，勤于政事，督办团练，归并禄米，捐积济贫，仓谷一千余石，添修王桥、桥板五十余ம，祷雨辄应，重修龙洞庙，建修龙洞山行宫，并请加封昭泽王封号，立有碑记。

以为今再不雨，岁且荐饥，吾民其何以堪耶？焦灼愈深，几至坠泪。复拟各庙立坛，遍祷群神；一面亲诣龙洞祈求雨泽。总期尽诚竭力，仰格天心。乃诚动天，随顷刻间，密云四布，大沛甘霖。经未申两时之久，遍野均沾。踰日，又益之。以霢霂继之，以淋漓优渥沾足，一雨连天。由是，苗之枯槁者勃然兴矣。①

求得的甘霖不仅解决了民众的生活之忧，而且安定了民心，让民众对生活有了希望，增加了对信仰的力量，因此官民对昭泽王更加虔诚祭拜。这次成功拜祷，陈宗海为昭泽王请封，在他的要求下，朝廷加封昭泽王为"康惠昭泽王"，使昭泽王在区域社会中的地位进一步巩固。

第三节　昭泽王信仰的记忆

昭泽王为民除害的事迹以及仙升之后的灵验故事，为民众生产生活带来了思想上的抚慰和希望，使得民众不断加深记忆，进一步促使其在本地域的传播。这些遗迹、传说故事和仪式不断推动了昭泽王信仰的泛众化。

一　广布各地的遗迹

在浊漳河区域，各地均分布有不同类型的遗迹，这些遗迹是最明显、最直接的依据，在民众心中也产生了最强烈的印记，尽管经过了数百年甚至上千年的风雨涤荡，经历了历史的风霜摧磨，但仍然给我们留下了难以磨灭的记忆，让我们不断想像、建构。

（一）庙宇

庙宇是神灵信仰最直接的物质支撑，没有庙宇，民间信仰难以为继，因此，庙宇是民间信仰存在的基本物质基础。"然竭忠而尽诚，建庙而塑神，洞洞乎其敬，属属乎其诚"②，一旦庙宇倾圮，栋宇摧败，则会引起民众的感慨，认为是对神灵不敬，"殿庑圮毁，墙壁倾颓，圣像为风雨日敝，

---

① （清）赵廷芝：《邑侯陈公祷雨碑记》，光绪《襄垣县志》卷十《续艺文》。
② （明）侯勋：《古黎重修昭泽龙王碑铭记》（昭片），正德六年，现存于黎城县上马岩村。

不堪栖神"①，于是在乡村社首、乡绅、耆老等的倡议、组织、管理下，民众开始维修庙宇，表达着对神灵最虔诚的敬意。因此，在各个乡村都修建了大量庙宇，将长久以来即已存在于民间的各种信仰延续至今。潞城区余庄村旧有昭泽王庙（图2-8），嘉靖四十三年（1564）重修时，续记了前代重修的经过：

> 自大元至正七年二月二十三日，有维那镇有祖孟夫禄、孟德仁、范子文重修本境昭泽龙王庙一次；又至正十四年，有祖孟祥重修一次；又正统十六年九月十五日，有祖孟天爵，系潞州吏，同弟孟天禄重修一次；又至成化十四年，有孟希臣重修一次；又至正德三年，有孟景泰、孟会、孟横、范兴、张琴、孟敢上、孟厚、孟珪、男盟抚、孙孟世雄，重修一次；又至嘉靖三十四年三月，维那景泰、男孟世三、孟世泰、孟厥、木匠孟顶新修天花板三间；又至嘉靖三十五年一月二十五日孟世山等一十二人各出钱帛，会众聚钱，重修庙宇，新妆圣像一次；至嘉靖四十三年，又修造戏台一座。②

图2-8 潞城区余庄村昭泽王庙

历代重修庙宇，主要目的就在于延续这种虔诚与敬仰，延续乡村文化，将民众对思想认识与村落治理不断继承下来。在浊漳河区域就保存了

---

① （明）王宗登：《重修昭泽王庙记》（拓片），嘉靖三十一年，现存于长治市潞州区捉马村昭泽王庙。

② （明）《累年重修庙记》（照片），嘉靖四十三年，现存于潞城区余庄村昭泽王庙。

大量的昭泽王庙。

　　襄垣县位于浊漳河中游，甘村是浊漳河西源与南源汇合处，小峧村是浊漳河北源与南源、西源汇合处，在浊漳河流域具有独特的地位。（图2-9）乐村①还是传说中昭泽王的出生地，到处留下了关于昭泽王信仰的遗址遗迹，成为昭泽王信仰的重要区域。境内有些遗址已不可考，并且随着时间的流逝，忘却的记忆也逐渐增加，现今亦无人知晓，仅能从文献记载中的片言只字得知昭泽王信仰的大概状况。在县城，建有昭泽王庙，乾隆二十四年重修。正殿三间，香亭五间（万历二十五年建，乾隆二十三年重修），乐楼一座，廊房六间（万历三十年建，乾隆二十四年重修），北小亭二间，东官亭三间（乾隆三十三年重修），东廊房十间，西廊房十九间，大门一座（崇祯三年建，顺治三年重修），寝宫三间（乾隆二十三年重修）。太乙真人殿三间（康熙十九年重修），圣母殿三间（乾隆二十三年重修），禅房四间。② 同治四年，知县陈宗海重修大殿、香亭、乐楼、山门等处，立有碑记。③ 现存大殿、献殿两所，占地面积372平方米。坐北朝南，一进院落布局，大殿为元代遗构，献殿为明代建筑。大殿砖石台基，面阔五间，进深六椽，单檐悬山顶。殿内梁架六架，椽屋四椽，栿对前乳栿，通檐用三柱，柱头斗栱五铺作双昂，无补间，前檐门窗已不存。

图2-9　三漳合流

---

① 现已不知为何处。
② 乾隆《重修襄垣县志》卷二《建置·坛壝》。
③ 同上。

在武乡县，昭泽王信仰主要继承了元代封号，称为海渎焦龙神庙，据史籍记载，主要有四处，"一在县南店子渠，一在南山庙西，内有八角，宋大观、宣和间屡封昭泽王。明洪武七年，改称海渎之神。一在土河村，一在石树岭"①。其中最著名的当属南山庙，即南山神庙，为武乡县民众供奉的一位重要神灵。据说，此山原为佛图澄讲道之处，因为助石勒建国有功，因此大为兴盛，成为广大民众瞻仰、献祭、祈祷之所。至明清时期，随着佛教的进一步传播，道教也逐渐融合进来，尤其是在民间信仰的叙述中，淡化了佛道的界限，在庙内修建了专门供奉昭泽王的殿宇，称为海渎龙王神。庙外还有一口井，称"海渎龙王神泉井"，旁有一牌匾："相传有一年天下大旱，民不聊生，百姓纷纷跪祈神灵降福。人们的祈祷日夜不停，感动了本职负责的海渎龙王，于是取天赐雨布，驾云而起，刹时，乌云滚滚，大雨倾盆而降。方圆千里，农作物丰收，而且在此地出现了一股泉水，百姓深知此泉为神仙所赐，便取名神泉井。民间普遍有这样的说法，'喝了龙王神井水，业障全消毁，取回龙王神井水，财源广进样样全'。因此，前来朝拜的人们都要取此水拿回家，能治百病和带来吉祥好运。"这些传说都寄托着民众的期望，也是在昭泽王信仰泛众化之后民众塑造、刻画出来的故事，同时，也进一步推动了昭泽王信仰的传播和扩散。同时，县东下郝村亦有焦龙神庙，即灵□宫。②

榆社县境内亦有昭泽王信仰遗迹。"昭泽龙王庙，在北泉寺。嘉庆十八年，邑人周子宁输钱修辑。道光十九年、二十七年两次重修。"③县东四十里，亦有漳龙王庙。④

最著名的当属武乡县与黎城县交界处的板山昭泽龙王庙。从地理分布看，榆社县亦属于漳河流域，与武乡、黎城接壤，因此，这里有昭泽王信仰。并且榆社县直接称为"漳龙王庙"，地域性非常明显。《榆社县志》记载："按：黎城马鞍山昭泽龙王庙，有洪武十三年碑载：神姓焦，古韩人，山名曰龙，阜皆辽山，面□，邑中有三洞，古名曰龙洞，为神修真所，能

---

① 乾隆《武乡县志》卷二《祠庙》。
② 民国《武乡新志》，卷三《营建考·焦龙神庙》。
③ 光绪《榆社县志》卷八《祠庙》。
④ 同上。

兴云致雨，殁而为神，祷雨辄应。元至元二十三年，旱，榆社县主簿蓝琦祷祀，遂雨，创建庙宇，再垩一新云云。北泉寺之庙或即元时所建欤？第昭泽王之封，历年无几。洪武初年，封海渎焦龙神，或后人固加封号而改题，亦未可知。要之，修真洞直通辽山，榆为辽属，又元时祷雨而得雨，则祀于榆也。固宜若乃漳河发源于县西北，直达于县西南，居民半在水乡，是必有神物以护之，漳龙阁、漳龙王等庙所由，历禩不废也。顾榆邑旧规，朔望行香，曾不之及，似为暗典。此外，乡村庙宇尚多，姑从略云。"①

表 2-1　　　　　　　浊漳河区域昭泽王庙分布表

属县	地点	概况	出处
潞州区（1）	捉马村	据碑文记载，创建于后唐清泰二年。三进院落，坐北朝南，正殿供奉昭泽王，面阔三间，进深三间，单檐悬山顶，柱头斗栱五踩双昂。殿内塑有昭泽王像，山墙上绘有昭泽王一生事迹图画。左角殿为土地殿，右角殿为牛王殿。正殿前为献台，献台对面为新修舞楼，面阔三间，悬山顶。两旁为山门，香客行人从东山门进入。东西厢房各五间，分别建有药王鲁班祠、子孙娘娘祠、风云雷电将军祠、三圣公主祠，均为卷棚顶建筑。正殿背后为两层殿宇，下层供奉九天圣母，上层供奉真武大帝，创建于明嘉靖七年（1528）。左角殿为机神殿，右角殿为二仙殿	实地调查
襄垣县（8）	县城	创建时间不详。占地面积372平方米，坐北朝南，一进院落布局，中轴线现仅存大殿、献殿。现存建筑中惟大殿为元代遗构，献殿为明代建筑。大殿砖石台基，面阔五间，进深六椽，单檐悬山顶。殿内梁架六架椽屋四椽栿对前乳栿通檐用三柱，柱头斗栱五铺作双昂，无补间，前檐门窗已不存	《中国文物地图集·山西分册》；实地调查
	古韩镇南田漳村	创建时间不详，有大元国重修之匾额。占地面积884平方米。坐北朝南，一进院落布局，中轴线仅存戏台、正殿，两侧有角殿、配殿。正殿面宽三间，进深二间，单檐硬山顶，柱头斗栱三踩单昂	实地调查
	古韩镇狐燕窝村	创建时间不详。占地面积449平方米，坐东朝西，一进院落布局，中轴线仅存山门（戏台）、正殿，两侧有角殿、配殿。正殿面宽五间，进深三间，单檐硬山顶，柱头斗栱三踩单昂	实地调查

① 光绪《榆社县志》卷八《祠庙》。

续表

属县	地点	概况	出处
襄垣县（8）	古韩镇石灰窑村	创建时间不详。古迹早已不存，现在重修，2018年竣工。占地面积942平方米，坐北朝南，一进院落布局。中轴线上为山门、正殿，两侧有耳殿、侧殿。正殿为单檐歇山顶建筑，高8米多，巍峨耸峙，金碧辉煌	实地调查
	西营镇西营村	创建时间不详，清乾隆十年（1745）重修。占地面积264平方米。坐北朝南，现仅存大殿，为元代建筑。大殿石砌台基，高0.50米，殿身面阔三间，进深四椽，单檐悬山顶。梁架结构四架椽屋三椽栿对前搭牵通檐用三柱，前檐辟廊，柱头斗栱四铺作单昂，无补间。前檐当心间施板门，两次间置直棂窗。殿内两山墙存清代水墨壁画约9平方米	实地调查
	善福乡石峪村村西南	创建时间不详，现存主体结构为明清建筑。坐北朝南，为一进院落。中轴线上建有山门、倒座戏台、正殿，两侧为东西妆楼、东西廊房、东西耳殿。占地面积760平方米，建筑面积550平方米，庙内有大明崇祯年间的重修碑一通	实地调查
	王桥镇郭庄村	创建时间不详，西平柱上有"大定二十七年（1187）己酉施方柱一十□根"石刻题记，明清两代均有重修。坐北朝南，二进院落布局，占地面积1755平方米。中轴线现仅存大殿，中轴线两侧为配殿、耳殿。现存大殿为金代遗构，配殿、耳殿等为明清建筑。大殿石砌台基，高0.90米，面阔三间，进深四椽，单檐悬山顶。梁架四架椽屋三椽栿对前搭牵通檐用三柱，柱头斗栱四铺作单昂，补间无斗栱，前檐施青石质圆角方柱，门窗均已不存。殿内两山及前檐栱眼壁内存水墨写意壁画20平方米。庙内存有清代重修碑1通、清碣2方	《中国文物地图集·山西分册》；实地调查
	夏店镇董家岭村	创建时间不详。建筑整体坐北朝南，偏东30度，平面布局一进院落，东西长30米，南北宽44米，占地面积约1320平方米，建筑面积约580平方米。庙内建筑共6座。存碑1通，位于正殿前的空地	实地调查

续表

属县	地点	概况	出处
黎城县（8）	陇阜山山半	昭泽焦龙王神庙，在西北百里龙阜山山半，神生于襄垣，修真于陇阜，有洞名昭泽龙洞，雍正《山西通志》卷一六五《祠庙二》	
	上遥镇西下庄村	据资料记载，创建于元至正五年。整个建筑坐北朝南，主体格局和主体建筑基本保存完整，但戏台等附属建筑已不存在，寺庙现正修葺中。主要构件仍保留了明清建筑的形制和规格	实地调查
	上遥镇上马岩村村北	创建时间不详。整个建筑坐西北朝东南，平面布局长方形一进院落，长24.5米，宽16米，占地面积约为392米。现存碑3通，庙内建筑共3座，平面布局采用中轴线左右对称的格局，由南向北中轴线上依次目前仅剩戏台、正殿，和正殿旁的右角殿	实地调查
	上遥镇阳和脚村	创建时间不详。据庙内碑文记载，清宣统三年（1911）、民国三十三年（1944）重修。占地面积513平方米。坐北朝南，一进院落布局，中轴线依次建有山门、正殿，两侧配以厢房、耳殿。正殿面宽、进深各三间，单檐硬山顶、柱头斗栱、平身科为三踩单昂。庙内保存有清、民国年间重修碑3通	《中国文物地图集·山西分册》；实地调查
	上遥镇石板村	创建时间不详。占地面积875平方米。坐北朝南，一进院落布局，中轴线建有正殿、戏楼、耳殿，两侧为东西廊房。正殿面宽五间，进深三间，单檐悬山顶，柱头科、平身科均三踩单翘	《中国文物地图集·山西分册》；实地调查
	上遥镇渠村	创建时间不详	
	西仵乡西水洋村	始建时间不详。整个建筑坐北朝南，平面布局长方形一进院落，东西长21.5米，南北宽32.85米，占地面积约为705平方米。现存碑3通，庙内建筑共5座，平面布局采用中轴线左右对称的格局，由南向北中轴线上依次为戏台、大殿，两侧为东西妆楼、东西厢房、东西耳房	实地调查
	程家山乡路堡村	创建时间不详。坐北朝南，平面布局为长方形一进院落，形制较为规整，在中轴线上依次有山门、戏台、三宝殿。三宝殿与戏台相对，以甬道相连。戏台两侧建妆楼，庙内两侧建东西厢房，三宝殿右侧建关公殿，左侧依次建龙王殿、土地殿。整个庙宇分布在高台之上，山门外共有台阶7级，使庙独立于周边民居建筑。整体布局规整，庄重和谐，南北高低，错落有致，具有中国古代建筑布局的典型特点	实地调查

续表

属县	地点	概况	出处
潞城区（3）	合室乡余庄村村	创建时间不详。一进院，但进深较大，正殿三间四椽明代风格。庙内建筑共6座。平面布局为长方形，长为42米，宽为22米，占地面积924平方米。生产队时期包了砖墙，现在正殿前后檐屋顶都大面积坍塌了，梁架淋雨多年腐朽严重，西缝大梁后尾已经完全朽断，仅靠细木棍支撑；余庄昭泽王庙的戏台和东西配楼都是清代建筑，也全都年久失修	实地调查
	辛安泉镇南马庄村	创建时间不详。坐北朝南，平面布局为长方形一进院落，占地面积1129平方米，建筑面积约800平方米。形制较为规整，在中轴线上依次为山门、戏台、正殿。正殿与戏台相对，以甬道相连。戏台两侧建妆楼，庙内两侧建东西厢房，正殿两侧各有一耳房	实地调查
	合室乡儒教村	始建时间不详，现已知清朝已经存在。整个建筑坐北朝南，庙内建筑共7座。平面布局长方形一进院落，东西宽24米，南北长32米，占地面积为768米。采用中轴线左右对称的格局，由南向北中轴线上依次为戏台、大殿，两侧为东西妆楼、东西厢房、东西耳房	实地调查
上党区（2）	郝家庄乡王童村	创建时间不详。坐北朝南，一进院落布局。中轴线上建有正殿，两侧为东西耳殿，占地面积400平方米，建筑面积160平方米	实地调查
	苏店镇苏店村	创建时间不详。坐北朝南，一进院落布局，现仅存正殿，面宽五间，进深三间，单檐悬山顶，柱头斗栱七踩单翘双昂	实地调查
榆社县（2）	东四十里	漳龙王庙，在东四十里，六月十三日祭	雍正《山西通志》卷一六五《祠庙二》
	北泉	昭泽龙王庙，在北泉	
左权（1）	州南河岸	漳神庙，在州南河岸	

（二）龙洞

按照民间传说，武乡县是昭泽王的出生地，并且东北之龙洞是其得道修炼之处，也是其为民除害、显现灵迹之处，因此，全县境内也留下了昭泽王的各类遗迹。

龙洞（图2-10）位于武乡县东部山区的石泉村，距县城约50千米。

据史料记载：龙洞，"在县东九十里，万山重抱，洞有……每雨后水流出洞，虎豹当饮其外，相传风雷将军焦龙神居此，明封海渎王，遇旱四方祷雨者踵相接"①。此地风景秀丽，岩泉下滴，泉水清洌，"□而为溪，旬遇□旱，虔祷辄应，邑人魏之干、杜来凤有诗"②。据考古研究表明，该洞形成于5.7亿年前的造山运动时期。这里峰峦叠嶂，林草茂盛。虽然地处北方，但却具备典型的南方溶洞特征的多层溶洞之一。现已开发形成著名的4A级旅游景区，称为"太行龙洞"。据武乡当地人流传，在龙洞之下的深涧内，有时会流出五谷杂粮，人们便认为是昭泽龙神赐福百姓，为大家送来粮食，于是又将此地称为龙囤。但始终未见真迹，只能是传说附会而已。

图2-10　武乡龙洞内景

黎城县与武乡县接壤，其交界处为板山，"龙洞"就位于板山西麓，当地人称马鞍山，其实主要在武乡县境内。但是黎城县民众祷雨，也会前往龙洞，只是在仪式上并不完全相同。"□□山去襄垣县五十□，□岚曾宜，或起或□，□□数百里外，昂首顿尾，若龙之形。山之下有洞，遇明朗则烟云出没，阴雨则飞瀑流泻，又若嘘□□雨之状，故俗传为龙洞。其洞之深不可测，其中有聚水，冬夏不竭，行二三里远，石壁倒悬，壁间有隙虚，民间亢旱则往往控壁隙，取水辄应，俗以为交泽龙王在焉。"山上有龙王庙，"昭泽龙王庙，在县西北陇阜山，或称马鞍山，庙在洞前，内有钦颁'云恩雨泽'匾额，山西巡抚一等威毅伯曾国荃书，'泽被苍生'匾额。光绪五年河南彰德府安阳县知县祈雨立应，敬悬匾额，并捐银一百一十两为修葺庙宇之费。襄垣知县因旱祷雨，大沛甘霖，创建行宫，并碑记。池口街旧祀二郎，道光元年增昭泽祠。又王曲里亦有神祠"③。

---

① 光绪《武乡新志》卷四《古迹考·龙洞灵湫》。
② 乾隆《武乡县志》卷二《古迹·龙洞灵湫》。
③ 光绪《黎城县志》卷一《祠祀》。

《襄垣县志》中亦提到龙洞前曾有座昭泽王庙。相传昭泽王修行于此，因号龙洞，祈雨辄应。① "五代晋高祖天福元年建，贞祐二年废。元至元六年，邑人栗显重建。大德七年，县尹张公同耆老郭忠等，增广新祠于庭堂之左，邑人冯均用塑肖神像。宋、元加封为王，恐非正礼。国朝洪武初，改号'龙洞之神'。"② 历代修葺，无有间隔。"同治五年，知县陈宗海重修行宫一所，有碑记。"③

（三）其他

襄垣县西北三十里回辕店有小虎山，邑人崔育荣《五日游小虎邱》有诗云："景物邀人不自由，暂将身向书中游。烟光笼岫晴疑雨，凉气侵衣夏似秋。艾虎斜披填野趣，蒲觞满泛发清讴。晚来一送凭高目，望尽茫茫天际头。"④ 描写了小虎山的清凉、荫郁，雾气与烟云融为一体，呈现出优美的景象。在这密林清幽的山上"有昭泽王庙，庙内清泉可爱，秋冬之交，枫叶满山，尤为胜景"⑤。

通过昭泽王的遗址遗迹，可以看出其分布情况大致可概括为三类：其一，沿浊漳河分布。众所周知，龙王在民间信仰中承担降雨的职能，因此龙王与河流的关系显得紧密。昭泽龙王作为该地域独特的民间信仰，在诸多龙王之中更显灵验。在浊漳河的岸边，为了保证生产，避免河水泛滥淹没农田，经常建庙以镇，其中以襄垣县昭泽龙王庙最为突出。其二，与到昭泽王庙、龙洞求雨灵验的故事有关。晋东南地区经常发生旱情，上遥镇居民离龙洞、昭泽王庙近，再加上龙洞里有暗河、水潭等，对降水有利的缘故，各村发生旱情，赴龙洞求雨灵验，遂在各村建庙以祭之。正是因为这些求雨成功的故事增加了昭泽龙王的神圣性，并借助这些故事扩大了昭泽王信仰的传播范围。其三，昭泽王庙的分布与民间传说故事息息相关。按史籍记载，襄垣、武乡、黎城为昭泽王信仰分布的密集区，其他地方均为昭泽王信仰辐

---

① 乾隆《重修襄垣县志》卷一《山川》。
② 弘治《潞州志》卷八《襄垣县志》，中华书局点校本1995年版，第391页。
③ 光绪《襄垣县志》卷六《营建考》。
④ （清）崔育荣：《五日游小虎邱》，乾隆《重修襄垣县志》卷八《艺文下》。
⑤ 乾隆《重修襄垣县志》卷一《山川》。

射区。如上党区，通过建构与昭泽王有关的故事，亦逐渐修建了昭泽王庙。潞城区南马庄村也建有昭泽王庙，在我们的田野调查中（图2-11），当我们问到这为什么会出现有昭泽王庙时，知情的村民这样告诉我们：

图2-11 潞城区南马庄村调查

传说昭泽王庙曾经到过地方打尖，即休息了一会，当时人不知道昭泽王是神人，而当时正值干旱，昭泽王离开后，天降甘霖，事后才明白是昭泽王，人们为了纪念昭泽王，纷纷在村中修建庙宇以祭之。①

无论以何种方式，昭泽王信仰在各地留下了各种遗迹，不断传承与记忆着昭泽王信仰，成为昭泽王信仰坚实的基石。

二 流传久远的仪式

自敕封之后，昭泽王即上升为正祀，得到了官方的祭祀。"春秋仲月上戊日承祭官致献，祭品、仪节与文昌祠同。"② 除此，在民众的记忆中，七月初五日为昭泽王的神诞日，于是"每岁七月初五日，县官备少牢致祭"③。然而，在保存下来的各类仪式中，最多的当属祈雨仪式。非常庆幸

---

① 路××讲述；采访时间：2017年3月27日，采访地点：潞城区南马庄村，郝婷婷整理。余庄村村民也给出类似的说法。
② 乾隆《重修襄垣县志》卷三《礼乐志·祭》。
③ 弘治《潞州志》卷八《襄垣县志》，中华书局点校本1995年版，第391页。

的是，在地方志及碑刻中保存下来较多的资料，使我们能够将其串联起来，想像当日祈雨之盛况，进而感受民众在祈雨过程中的心境变迁，为我们解读民众信仰当下心理提供了线索。

光绪年间的武乡县士人郝世铭亲自参加了一场祈雨活动，他对此作了较为详细的记录，将祷雨前的准备、取水的过程以及沿途见闻都记载下来，使我们可以大致了解赴龙洞取水整个祷雨过程。

辛酉夏五月，旱魃为虐，秋苗将枯，① 邑人相率祷雨于东山焦龙洞，循旧例也，余亦适与斯役。先是，虔祷雨泽，设坛于城隍庙，三日不应，则取雨于五路；再不应，则往东山而祷于风雷将军庙焉。去之时，官民夜集雨坛，约数百人焚香起程，官先绅次，民随之，若行军。而后□枚疾走，风雨不避，昼夜不息，一若梢稽时刻，则愆期获戾。约行六十里，至土河而梢憩，始用午饭焉。晚登山至绝顶，阴风飒飒，盛夏而若深秋，余有"山高风力劲，路险夜难行"之句。时方二鼓，望焦龙洞近在咫尺间。路则叠石层层，峙岖险窄，临高而俯视，惟见黑雾迷漫，绝壑万仞，杳莫测其所穷，苟一失足，斯有性命之虞。迨至庙，约三更时矣，庙不甚宏敞，正殿恰在危崖之下，额石悬空，摇摇欲坠。余方惊讶，庙祝云："自有庙以来，数百年如此，特乍见者难免惊骇耳。"俄复起上洞，导者云："由此而上，不过十数里。"遂由半山行，只见山前尚可。迤□而上，山后则峰峦陡峻，溪间绝流，山重水复，疑无路矣。幸有导者，穿林攀石，旋绕而下，过此而天色已晓，方贾勇以备前行，而不意山洞已在目前。比及洞，暂休片刻，而呼汤觅水者，喧嚣不止，顷复气肃神凝，竚待拈香矣。官民跪于洞口，水官严装以入洞，进时喊声若雷，俗曰鸣洞。洞内传有上天梯、祭星石、粉白墙、大小牛口诸胜迹，闻所闻未见所见。约一钟时，取雨者出，洞外人即齐声掌佛，相随而启行矣。归时，不由旧道，路较前更险，所见惟峭岩绝壁，高峰插天，有若老人之头秃者，

---

① 此次灾害，在县志中未见记载。民国《武乡县志》卷四《旧闻考·灾异》："咸丰十一年，正月雨土，二月雷雨雹，八月长星见四方，十一月地微震，十二月大雪，有雷。"因此，此条史料可补县志《灾异》之不足。

有若童子之云发高髻者，有若大将指挥三军静听者，有若宾主拱揖忽送忽迎者，怪怪奇奇，目不暇接。行至百里，坡高峰中仅有一钱之小道，曩之见为石磴者，今复讶为上天梯矣。过山头，路稍平坦，始放足而行，及至韩壁，魏绅授午餐，设榻于家焉。厥明晓行，至上合，结伴而归，不复路宿矣。沿途接雨者约数千人，比至城而日已过午，焚香安神，静以俟雨泽之降云。①

从武乡县城到龙洞大约九十里，沿途要经过土河村，土河村是赴龙洞取水的重要站点。据县志记载："海渎焦龙神庙，有四，一在县南店子渠，一在南山庙西，内有八角，宋大观宣和间屡封昭泽王，明洪武七年改称海渎之神，一在土河村，一在石树岭。"② 此为土河村有昭泽龙王庙的明确记载。此庙建于明末崇祯十一年（1638），因武乡大旱，土河村人向昭泽龙王祈雨，随即大沛甘霖，民众感其恩德，立庙祭祀。故而取水之人路过土河村时要歇脚，土河村要为他们提供饭食。这是多年来形成的规矩，也是村与村之间关系的体现，彼此之间因为神灵而联系在一起。③ 这样的现象在灵湫祷雨过程中亦有。前文已述，此处略过。

祷雨时，必须先到城隍庙祭祀，因为城隍庙是一地之主宰，相当于神界的地方官员，主管着一城之事。到城隍庙祭祀，目的在于告诉城隍神民众要做之事。三天以后，如果还未下雨，则"取雨于五路"，再不应，就开始到龙洞取水。取水前一天晚上，所有人员都到聚集到雨坛（各县城均

---

① （清）郝世铭：《东山祷雨记》，民国《武乡县志》卷四《艺文》。
② 乾隆《武乡县志》卷二《祠庙》。
③ 王守恩认为，村际神亲在山西普遍存在，它是村落之间以共同信奉的民间神灵为纽带而形成的一种虚拟亲属关系。这种文化建构将村际的地缘关系亲缘化、世俗联系神圣化。本无亲缘关系的不同村落群体由此成为亲属集团，在信仰领域保持了联系，其世俗交往也从无到有或由少到多。既维系了共同信仰、又培养了亲属感情的神亲关系是乡村社会整合、凝聚、和谐的重要资源。(《山西乡村社会的村际神亲与交往》，《世界宗教研究》2012年第3期) 姚春敏将神庙结盟作为村落关系研究的一个方面，她指出，传统社会中的村落依靠血缘和地缘关系结成。但是，为了进一步加强村际交往，实现远交近攻的策略，村落与村落之间逐渐形成了以神庙为中心的联盟。结盟村落定期举行巡境和出游，以加强彼此关系。信仰作为一个外在的表现形式并不完全是村落神庙联盟的主要因素，其背后存在着复杂的地域、婚姻、血缘、经济关系的重构。这些村落联盟一面借用官方认可成为乡村的正统组织，另一面则通过固定的仪式活动强化内部凝聚力，同时强调明确村落边界和人员组成，客观上也起到了抵制外来流寇、乞丐团伙和盗贼的作用。(《传统社会中的村落神庙联盟与村际关系》，《山西师大学报》2017年第1期)

有风云雷雨坛），人数因地而异，多者数百人，少者几十人。官在前，绅次之，民在后，排成基本有序的队伍向龙洞进发。到土河村约六十里，大约在中午到达。在土河村用过午饭后，继续前行。晚上开始登山，夜黑风高，胆小者惧怕，作者在文章中也表达了这种心情。大约在拂晓前到达洞口。在此过程中，引导人员非常重要，既要胆大，还要熟悉周围地形。因为在深山之中，常年人员罕至，林木阴森，道路不通，稍不注意，就会受伤或有生命危险。笔者虽然未参加过祷雨，但是也经历过一次在森林中找庙的情景，如果没有向导，简直难以前行。地面为树叶覆盖，基本看不到路，所有地方都非常相似，有时甚至就是靠自己踩出一条路来。况且又是黑夜，其艰难程度可想而知。

到了洞口，稍事休息，水官整装入洞，作者由于未进洞，因此并不知洞内情形。至于在洞内如何取水，我们现在已难知全部情形，只能从民众的口述之中了解大概。黎城县南委泉有一老人，其父亲参加过取水，并且其父亲即为引导者，她讲到，洞内极其寒冷，她父亲就是赴洞取水时得下的关节炎，最后生病去世。有一次是山东人到洞取水，她父亲引导他们。①

返回时，选择另一条道路更加难行。中午时分到达韩壁（今韩北）村，由当地士绅招待，并且要在这个村中过宿。经过一整天的辛苦，劳累的人们也要休息一番。到第二天早上再出发。这样，又一个村加入以取水为中心的村落体系之中。沿途村落都要接雨，大约有数千人之多。在晋东南至今还保存有许多村落联合举办的赛社活动，沿途村落都要参加进来，当神灵队伍到达本村时，要摆放供品祭拜。午后到达县城，举行一定仪式之后，静候大雨到来。

烦琐的系列活动使仪式更加隆重，庄严肃穆，另一位参加人员在仪式之后也写下诗文抒发心中的感情。

龙洞山祷雨纪行

  祷雨来东山，前途素不识。夜发土河村，囊橐各携食。土人作前导，入谷路转侧。行行四五里，攀跻共努力。渐觉置身高，凌风生羽

---

① 严松梅讲述，采访时间：2013年6月22日，采访地点：黎城县南委泉村严松梅家，朱文广整理。

翼。欲看山外山，月黑渺难测。

行久山日吐，瞥见山色浓。道右山翠滴，道左山花红。左右互换形，奇壑闻奇峰。峰回路百转，应接难从容。才下山腰去，历级又千重。□石成危梯，云霄有路从。连度两崇山，东望清蒙蒙。

下山入山腹，纡余穿小□。出□降深岩，洞开面云岫，风雷震神龙，古迹传闻旧。（焦龙神……）中有不测渊，千千喷寒溜。逼视畏阴森，深黑难底究。向导选壮夫，装绵束衣袖。秉火相掖入，隐隐闻雷吼。（入时……）旁观为战竞，罗拜敬守候。踰时始见出，默感神灵佑。

离洞东归装，问途途迥殊。来时为谒庙，取道不嫌迂。归时寻捷径，穿石披榛芜。仰观一线天，郁冈何萦纡。林壑转复转，南旋北折徂。山岬途更奇，攀跃相提扶。三面匝崖鬼，一面仅容躯。来疑人入瓮，云如鼠窥□。重重难出险，勇往同贾余。

迤逦下山麓，远远前村列。近观见土河，方知还故辙。夜静投人宿，回头思琐屑。此行名取雨，未知本何说（□八传□取雨辄应，……）炎天冒深险，艰苦身备阅。却幸不虚还，探奇得洞穴。聊作纪行诗，沿途写曲折。①

一旦求雨成功，民众就会表现出喜悦之情。"黎阳由来本瘠土，两岁荒歉民无补。长安米贵市儿骄，物价不等任意估。丈夫饥走妇叹室，珠玉自持换阿睹。十家八九如悬磬，嗟哉小民多辛苦。幸到今年春才足，社公雨燕麦含□。新膏擢秀花如吐。忽然野马动地舞，封家姨子尽日怒。风号不息三壤干，愁杀老农与老圃。……仁爱自有主赐之，甘霖霂霂如散缕。夜半不遣阿香知，洒遍桑田与花坞。居人不眠梦里听，枕上惊醒颂天祐。"②

在民众的祷雨活动中，一般而言，官方并不会过多干涉。大部分官员持"宁信其有，勿信其无"的态度，如能求得雨来，也是地方盛事。也有个别官员不信求雨，因而加以干涉、阻挠。如今，在上党区苏店村流行一

---

① 光绪《武乡新志》卷四《丛考·艺文》。
② 光绪《黎城县续志》卷三《诗》。

则故事，记载了官、绅、民三者在求雨中的态度及关系，使得求雨故事增加了神秘、纠结与惊心动魄之感。（图2-12）

图2-12 上党区苏店村昭泽王庙

嘉庆二十二年，三伏天未落透雨，秋庄稼旱成了灰秃秃的扭股绳，苏店村民不得不到马鞍山"取水"。出发前，照例到府大堂领取批票。这位知府不信鬼神，将击鼓强领批票的三人重打二十堂棍，逐出府衙。苏店穷苦人们盼雨盼得心焦火燎，凭借神威神胆，全村青壮汉们光膀子、赤巴脚、提柳棍、戴柳条箍，抬起插满柳条"踩旱"的昭泽王銮驾，敲着震天锣鼓，拥到府衙门前，要求批票。知府大人早有准备，令衙役传苏店总约（村长）上堂禀事。上堂后，总约无奈，只好在知府大人事先写好的条约上签字画押。条约规定：取水回来当天普降透雨，本官摘帽挂印进京请罪；取水回来当天不见透雨，十字街架柴，将昭泽王与苏店村总约一起焚烧。生死攸关。苏店总约自任水倌，带队取水。往返四天，取水回来，时近正午，绝寡晴天，万里无云。取水队伍进北城门开始，总约七步一叩头，改为一步一叩头，浑身颤抖，不敢不走，也不敢快走，口里喊着"昭泽王爷救我，我救王爷！王爷救我，我救王爷！"苏店村接水人群，也跪在地上，一边爬行，一边齐声呼喊："老天爷呀，救救总约！老天爷呀，救救总约！"从北门到十字街，足足拖延走了两个时辰，还是走到了柴堆跟前，天空仍然晴朗如镜。两边衙役不容分说，把昭泽王神像连苏店村总约，一起扔到柴堆上！下面已经点着火了，火苗迅速上窜，村民们放声大哭。突然，从马鞍山方向上来席片大一块乌云，一声炸雷，乌云铺开，瓢泼大雨下个不停。不仅泼灭火焰。城街平地升水，把柴堆也冲散了。苏店村接水的人群激动万分，冒着大雨涌至府衙，击鼓撞钟，逼知府脱袍滚蛋。知府大人无奈，立即派人快马加鞭到苏店请来前明沈王第十二代玄孙王夺魁劝说乡亲。王夺魁是嘉庆帝的"选贡生"，在直隶省顺德县供职，此时，居丧在家为母"丁忧"。王夺魁来到府大堂，先与乡亲会面，然后进后堂与知府大人交谈，返出来恳请乡亲们允许知府大人向昭泽王三拜九叩，得到和平解决。①

这则故事距今较近，在民间流传亦广，在今天民众的讲述之中，对此记忆犹新，历历在目。

当地大旱，春夏无雨，烈日炎炎，这里的百姓都十分担忧，他们到高山沟壑祈祷神灵求雨，但始终都没有得到回应，突然有一天，一位道士从南面到达此处，告诉乡亲，可以由当地冯氏（据说其远祖是焦公的仆人）聚众到东北龙穴取水，祈求雨露，众人听了道士的话，按照他说的前去取水，当众人走出洞口时，便烟云四起，大雨倾盆，枯死的禾苗就得救了。②

诸多记忆，共同构成了民众信仰的心理基础，代代传承下来，成为民众信仰的心理积淀。虽然灵验的故事并不能予以科学的解释，在实践中亦未必事事皆有应验，但那些没有应验的事实民众均予以"合理"解释，在历史上只留下了"应验"的灵迹，最终加强了昭泽王信仰在区域社会中的地位，昭泽王信仰的泛众化由此进一步扩大。

三 对昭泽王信仰记忆的分析

从以上信息可以看出，昭泽王信仰主要分布在故事的发生地，并且是以

---

① 连步万、崔保锁：《苏店村与明·沈简王》，《长治方志》2011年第6期。
② ×××讲述：采访时间：2017年3月27日，采访地点：上党区王童村，王凯轲整理。

"龙洞"为中心，向周围辐射，这一方面是民间信仰传播的地理分布所致，另一方面是其功能所致。并且沿浊漳河分布，大体分布在浊漳河中游。龙洞也是焦公得道成仙的地方，是其法术修炼之所。在昭泽王信仰的发展过程中，民众渐渐重视其施雨之责，求雨成为民间信仰功能发生的重要因素。民众求雨要到龙洞取水，因此，周围的信仰便以龙洞为中心传播开去。

但从实际效果来看，昭泽王信仰的传播并不远，出了浊漳河流域就很难见到。因此，它只能属于区域性信仰，不是普遍性信仰。在信仰的分类中，宋燕鹏将信仰分为地方性信仰与地域性信仰，他认为，地方性信仰是仅限于某一地区性的信仰，而地域性信仰则是相对普遍的信仰。[①] 而笔者认为，地方与地域除了学术上的表述略有不同，其他含义基本没多大区别，似乎地方性与地域性并不能严格区分出民间信仰的类别或层次，用区域性信仰与普遍性信仰区分则更相对合理一点。区域性信仰仅限于某一区域，相对较小的区域，一般指县、府，不超过省的范围。或以自然、地理等形成的相对较小的区域，如太行山区域、浊漳河区域等。而普遍性信仰则是更大范围的区域，一般指省级或更大的区域。

不过，在浊漳河流域，昭泽王信仰在民众心理的认可度很高，许多庙宇中都有昭泽王殿（图2-13），在民间祭祀、赛社仪式上也可以看到所请神灵中有昭泽王，作为区域民间信仰，昭泽王已深深印入民众心中。下面是贾村碧霞元君庙的布局，从中可以看到昭泽王殿。（图2-14）

图2-13 潞城区贾村碧霞元君庙昭泽王殿

---

① 宋燕鹏：《南部太行山区祠神信仰研究：618—1368》，中国社会科学出版社2016年版，第28页。

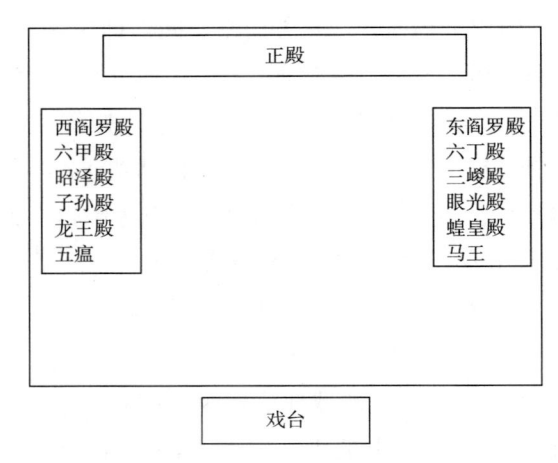

```
            ┌─────────────────────────────┐
            │          正殿                │
            │                             │
            │  ┌────────┐     ┌────────┐  │
            │  │西阎罗殿│     │东阎罗殿│  │
            │  │六甲殿  │     │六丁殿  │  │
            │  │昭泽殿  │     │三峻殿  │  │
            │  │子孙殿  │     │眼光殿  │  │
            │  │龙王殿  │     │蝗皇殿  │  │
            │  │五瘟    │     │马王    │  │
            │  └────────┘     └────────┘  │
            │                             │
            │         ┌──────┐            │
            │         │ 戏台 │            │
            └─────────┴──────┴────────────┘
```

图 2-14　潞城区贾村碧霞元君庙布局

同时，在以贾村为中心的八大社转赛仪式中，排神簿（图 2-15）上昭泽王是必请神灵。

　　　　　　　神农炎帝　　玉皇大帝
　　　　　　　人祖娲皇　　远古三清
　　　　　　　碧霞元君　　护国灵贶王
　　　　　　　纯阳吕祖　　天地水三官
　　　　　　　冲惠冲　　　淑大唐太宗
　　　　　　　五龙王　　　昭泽王
　　　　　　　五瘟神　　　牛马王
　　　　　　　雷公电母　　本殿诸神
　　　　　　　土地　　　　风伯雨师
　　　　　　　　　　　　　五道

图 2-15　贾村赛社排神簿

　　昭泽王信仰的传播离不开灵验故事的建构，神灵故事的建构与传播又需要民众的推动。"神者，人之庇也；人，者神之依也。使人无以依神，神亦何由庇人？神人有相通之理。故祀典所载：凡神之有关于国计民生者，必立庙祀之。盖欲人藉庙而依乎神，神即依庙而庇乎人也。"[①] 碑文生动而形象地指出了神与人的关系。正是因为这些故事的存在，昭泽王的神

---

① （清）赵默：《重修昭泽王庙记》，乾隆《重修襄垣县志》卷七《艺文中》。

圣性更加突出，也正是因为故事的传播，昭泽王信仰的辐射范围得以扩大。当地民众听说昭泽王祈雨灵验的故事后，干旱时便不顾路途遥远都会到此取水求雨。祈雨灵验后，民众为了还愿，为了感恩王的功德，便纷纷用建庙的方式表达自己的情感。这些措施最终使得昭泽王信仰在当地传承下来。

每一个神灵信仰都有其辐射的范围，主要表现为两个方面：其一是在中心神灵的影响下，周围村子均修建起庙宇，得以春秋祭享。襄垣县城至今仍保存昭泽王庙宇，在其周围的狐燕窝村、郭庄村、南田漳村、善福村等都建有昭泽王庙。其二是以该村为中心，周围村子都到此进行祭献。在襄垣县南田漳村，管庙人王××说，周围别的地方没有昭泽王庙宇，主要是因为有这样一座庙宇就够了，到时候周围村子的人都会到此求雨、献祭。无论哪种辐射，均表明昭泽王信仰的传播范围。

昭泽王信仰传播与祈雨仪式密切相关。仪式是人与神交流沟通的过程，同时也是人与神关系密切的直接体现。昭泽王信仰从最初产生、发展到如今依旧存在，离不开祈雨仪式的完整与灵验。因为在民众看来，不完整的仪式可能会影响神灵功能的发挥。完整的仪式，有条不紊地按照步骤进行祈雨仪式可以让神的职能充分发挥。通过仪式，民众进一步强化了社会秩序，保障了民间信仰的传承。缺乏仪式就可能淡化民众对神灵的记忆，失去泛众化的基础。没有仪式的存在，昭泽王信仰也就不会传播至今，否则，早已被其他信仰所取代。

第三章　历史人物：李卫公信仰

潞城区神头村北现存两通碑刻，一通为《潞州潞城县重修灵显王庙记》，宋绍圣元年（1094）立，青石质，圆首，龙纹，高540厘米，宽110厘米，厚40厘米，碑额题"潞城重修灵显王庙记"，底座为赑屃；另一通为《大金潞州潞城县重修灵泽王庙记》，金泰和二年（1202）立，青石质，圆首，龙纹，高500厘米，宽100厘米，厚37厘米，碑额题"敕重修灵泽王庙记"，底座为赑屃。原庙宇在抗战期间被日军炸毁，当日盛况如今只能凭仅有的资料进行想像。明人记载道："旧立殿堂、寝室、六甲六丁神祠、英鄂二公神祠、雷公神祠、乐楼、牲庖、斋廊、中门、路门、将军土地神祠，以间计，约百楹。"① 就现存两通巨碑而言，亦大致可以想见当日庙宇巍峨耸立、辉煌峥嵘之气象。这两通碑主要记载唐李卫公（李靖）的事迹及当地民众信奉的概况。

第一节　李卫公信仰的生成与发展

李靖（571—649），字药师，京兆三原人。隋末唐初之人，祖父崇义，后魏殷州刺史；父亲诠，隋朝时赵郡守；舅舅韩擒虎，隋朝名将，"每与论兵，未尝不称善，抚之曰：'可与论孙、吴之术者，惟斯人矣。'"② 反映出他青年时代就对军事具有浓厚的兴趣，并表现出一定的军事天赋，同时他的家庭背景使得他有条件、有能力阅览群书，并对当时的政治有敏锐的

---

① 弘治《潞州志》卷九《潞城县》，中华书局1995年点校版，第466页。
② 《旧唐书》卷六七《李靖列传》，中华书局1975年版，第2475页。

嗅觉，这一点在之后也得到证实："大业末，累除马邑郡丞，会高祖击突厥于塞外，靖察高祖，知有四方之志"①，于是归降李渊。由于舅舅常与其讨论军事，使得他对于军事活动有更多的认识，最终成为唐代伟大的军事家、第一名将，南平吴，北破突厥，西定吐谷浑，立下赫赫战功。为凌烟阁二十四功臣之一，死后陪葬昭陵，谥号景武。后封卫国公，世称李卫公。《新唐书》《旧唐书》皆有传。李卫公因其功勋卓著，后人为纪念其功，立庙祭祀，形成了遍布各地的李卫公信仰②。

一 李卫公信仰的生成

《旧唐书》《新唐书》皆对李靖进行了专门记载，描述最多的便是他的赫赫军功，南平萧铣、辅公祐，北灭东突厥，西破吐谷浑。并经过这几次成功的战役，威望大振，成为初唐著名的军事将领。山西西北地区与突厥接壤，李靖奉唐皇之命镇守晋北，立下了赫赫战功。"（武德）八年，颉利攻灵、朔，与代州都督蔺暮战新城，暮败绩。于是张瑾兵屯石岭……瑾未至屯，虏已逾石岭，围并州，攻灵州，转扰潞、沁。李靖以兵出潞州道，行军总管任环屯太行。"③ 李靖击败突厥，这无疑为当地百姓注入强心剂，保证了百姓生活的安宁。

国家基于政治上的考虑，又由于李靖生前战功显赫，加之当时地方民众为其建庙，统治者顺水推舟，对李靖地位加以肯定。唐太宗时期，李靖等二十四功臣被请入凌烟阁予以纪念，这是李靖首次被列入国家祭祀范围之内。

> 特进、卫国公靖，……或材推栋梁，谋猷经远，绸缪帷帐，经纶霸图；或学综经籍，德范光茂，隐犯同致，忠说日闻；或竭力义旗，委质藩邸，一心表节，百战标奇；或受脤庙堂，辟土方面，重氛载廓，王略遐宣。并契阔屯夷，勋劳师旅。赞景业于草昧，翼淳化于隆平。茂绩殊

---

① 《旧唐书》卷六七《李靖列传》，中华书局 1975 年版，第 2475 页。
② 在全国各地，关于李卫公的信仰名称并不相同，对其庙宇有不同的称呼，如：卫公庙、灵泽王庙、灵显王庙，为了叙述上的统一，本书将其信仰统称为李卫公信仰。
③ 《新唐书》卷二一五上《突厥上》，中华书局 1975 年版，第 6032 页。

勋，冠冕列辟；昌言直道，牢笼搢绅。宜酌故实，弘兹令典，可并图画于凌烟阁。庶念功之怀，无谢于前载；旌贤之义，永殆于后昆。①

后又在唐高宗时期，将李靖同历代良将列入"十哲像"，供奉进宗庙，同享国祭，得到国家上层的认可，为促进李卫公信仰向基层社会渗透准备了前提。

> （唐高宗）上元元年，尊太公为武成王，祭典与文宣王比，以历代良将为十哲像坐侍。秦武安君白起、汉淮阴侯韩信、蜀丞相诸葛亮、唐尚书右仆射卫国公李靖、司空英国公李勣列于左，汉太子少傅张良、齐大司马田穰苴、吴将军孙武、魏西河守吴起、燕昌国君乐毅列于右，以良为佩。②

由于唐代对于李靖的不断加封，被列入国家祀典，将李靖列入宗庙举行国祀，为之后进一步神化做了准备。唐玄宗以后，国是日繁，战争不断，各边镇节度使权力过大，在军镇争权夺利的过程中，随着实力的增加，对李靖的信仰也日渐强化。③

山西是李靖展现军事才能的主要战场，因此，山西成为李靖信仰的重要区域，各地均为其建有庙宇。晋东南是李靖行军路线上的必经之地，在此行军路线周围，民间关于李靖的传说故事不断增多，并逐渐被民众神化，建立了不少庙宇（图3-1），成为民众崇拜的表现形式和主要渠道。④

李卫公信仰属于历史人物信仰，一般而言，历史人物信仰在社会中的职能主要与其经历、功绩有关，如关帝信仰，其职能主要倾向于其武功，在乡村社会中，无论是关帝庙还是关帝阁，主要承担保卫一村安全之重任。即使在国家层面，亦以其武功为主。此外，其忠、义事迹又在民间广

---

① 《旧唐书》卷六五《长孙无忌传》，中华书局1975年版，第2452页。
② 《新唐书》卷十五《礼乐志五》，中华书局1975年版，第377页。
③ 沈文凡、孙立娇：《李靖神化的初步演变及其原因》，《西华大学学报》2015年第5期。
④ 侯峰峰：《晋东南李卫公信仰初探——以方志和传说为中心的考察》一文中具体说明李卫公信仰在山西的分布情况，在山西各地出现的原因以及分析了晋北地区李卫公庙比较少的原因。晋北地区李卫公信仰不突出的原因：一是北魏以来一直是异族聚居地，有胡化的倾向，异族概念模糊；二是对战争司空见惯，有自己的生存方式。

为流传，因此，忠、义精神亦在其信仰上体现出来。① 李卫公与关帝的事迹大致相似，主要是其帮助唐朝，屡立战功，"南平萧铣，开置百郡；东擒公祐，共切怀思；北伐不庭，世勋就擒。斥地阴山，至于大漠。西伐土谷，伏允授首；更绥其民，举国请降。唐之震叠，洋溢四方"②。在其用兵过程中，经过上党，留下了印迹，民众感其恩德，立庙祀之。

图 3-1　泽州县西峪村李卫公庙

---

① 刘海燕：《从民间到经典：关羽形象与关羽崇拜的生成、演变史论》，上海三联书店 2004 年版。

② （宋）张山：《重修灵显王庙记》（照片），绍圣元年，现存潞城区神头村。乾隆《潞安府志》有记。

李卫公的功绩，还表现在华夷之辨中的重要意义。从李卫公的军功可以看出，其用兵主要在边疆，在传统社会中，中原为正统，四夷均为华夏之附庸，平定诸夷，有利于显扬华夏声威，有利于国家边疆的稳定。因此，在古人的传承过程中，进一步强化了这种思想。"夷狄之为中国患久矣。平城困高，冒顿嫚吕，武帝发愤，黩武穷兵，仅因乖乱。呼韩臣宣实起刘□，唐祖之兴，屈身受辱，而公总督将领，生俘大憝，歼厥种类，上雪国耻，下舒民力。近古以来，一人而已。"① 真切地表达了对李卫公的赞叹与景仰之情。侯峰峰在分析了李卫公信仰与晋东南区域社会的关系后认为，由于隋末唐初异族入侵的历史记忆，加上本地曾是赶走异族之英雄李靖的驻兵之处，才使得晋东南地区的李靖信仰大为流行。② 正如在晋北边地，赵武灵王、李牧、尉迟敬德、杨业等将领为社会安定做出了巨大贡献，因此也得到民众的拥护和认可，于是纷纷立庙祭祀。但民众在民间信仰的选择上，并非必定选择一种，而是以偶然性居多，因此，民间信仰选择的指向是单向度的。即民众选择李卫公信仰以纪念，是以李卫公平定突厥为充分条件的，并非必要条件。对民间信仰生成原因的分析，只能单向度分析，而不能再向深一步追问。如果要追问下去，则成为伪问题。用图表示如下：

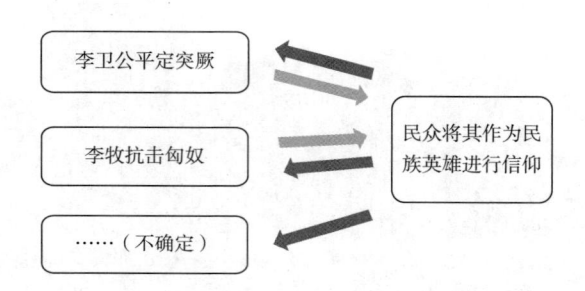

图 3-2　民间信仰的生成路径之三

民间对李卫公的信仰，与他治军严格、纪律严明有关。在对突厥用兵过程中，对民众秋毫无犯，维护了当地的社会秩序，没有给当地带来苛重的赋

---

① （宋）张山：《重修灵显王庙记》（照片），绍圣元年，现存潞城区神头村。乾隆《潞安府志》有记。
② 侯峰峰：《晋东南李卫公信仰初探：以方志和传说为中心的考察》，《地方文化研究》2016年第5期。

税。这些在民众的信仰中亦形成了重要的细节。据平顺县《大铎村志》记载：他（李靖）是隋末唐初的大将军，带兵来潞州打过仗，此人很得民意，在黄碾南三垂岗屡战得胜。① 泽州县南村镇杨洼村亦建有李卫公庙，八月十五是庙会日期。每逢此时，村民均要演戏三天。据当地村民讲，当年李靖带兵驻守本地，军纪严明，百姓为感念他的恩德而建庙纪念。②

五代后晋时期，由于长期对契丹战争，石敬瑭抬出李卫公信仰以助军威。推出李卫公显灵之事，对其褒奖与敕封，"上相洁诚，聿永阴助，明灵在梦，式降玄符。自卷甲疾趋，诘朝请见，枭鸣右纛，果召胜风，血染成河，大歼鲸敌。岂止钟山之革，但化人形；即墨之兵，始言神助"③。因此，封其为"灵显王"，以示"化而不测，谓之灵；死而不朽，谓之为显"之意。其时，契丹屡次南下，进行"打草谷"等活动，对北部边疆居民造成了巨大伤害，中原民众渴望和平，希冀契丹能够退回草原，实现农耕生活长久安定局面。正如碑铭所言："伏愿皇帝万岁，府主千秋，文正官班常居禄位。然愿家家安吉，户户荣昌。普愿沾于福田，各同增于永寿。更愿四方宁静，抚夷狄而拱手来朝；河内奠安，缉戎蛮而乡歌进奉。年年善稔，岁岁丰登。士庶黎元，咸沾福祐。"④ 后晋时期的敕封，使李卫公信仰在民间社会奠定了基础，潞城李卫公信仰的形成大概源于此时。北宋神宗、哲宗期间重修庙宇，潞城人张山为其撰文（图3-3），感慨李卫公庙"作庙于此百有余年，载在祀典，礼以时举，水旱病疫，祷无不应，牲牢享献，傍走数郡"⑤，于此可以确定潞城神头村建庙当为五代时期。宋朝在汇总各神祠时说，"李靖祠，一在潞城县，徽宗崇宁四年二月赐额广德；一在解县，大观元年正月封忠烈王。二年，封辅世惠烈王。又石晋封灵显王，徽宗大观元年十一月改封普世忠烈王。"⑥ 这是目前发现的浊漳河流域

---

① 宋爱民、宋彦升等：《大铎村志》，内部资料，2004年，第83页。
② 村民张××讲述，时间：2017年10月20日，采访地点：泽州县杨洼村，段建宏整理。
③ （宋）《唐卫国公晋封灵显王碑铭》，明道二年，弘治《潞州志》卷九《潞城县》，中华书局1995年版，第450页。
④ （宋）《唐卫国公晋封灵显王碑铭》，明道二年（1033），弘治《潞州志》卷九《潞城县》，中华书局1995年版，第450页。
⑤ （宋）张山：《重修灵显王庙记》（照片），绍圣元年，现存潞城区神头村。乾隆《潞安府志》有记。
⑥ 《宋会要辑稿》"礼二〇之三一"，中华书局1957年版，第780页。

最早的李卫公庙宇记载。

图3-3 潞城区神头村宋代碑刻

二 宋金元时期李卫公信仰的发展

宋朝对李卫公崇奉有加，太祖时，将开封城外的李冲庙逐渐改为李卫公庙。《宋会要辑稿》对此记载道：灵显王庙"在东京管城县东仆射陂侧。是陂本后魏赐仆射李冲，唐末建庙，因陂为名，俗传李靖神也。后唐天成三年，册赠靖太保，晋加号灵显王。建隆元年，太祖临幸，因遣内侍葺祠宇，春秋二祀。太宗淳化元年七月，遣中使再修。至道三年五月，遣内侍送银香合"①。以后，李卫公信仰无论是在官方还是在民间均得到认可，在全国各地均出现了奉祀现象。② 尤其是在李靖的故乡，得到了极高的封敕。"李卫公祠，在［鄠］县治西北，祀唐李靖，邑尚书王康僖建，少保温恭毅重修，内配祀左李公甫、右马云岩二先哲像，春秋致祭。……宋德祐

---

① 《宋会要辑稿》"礼二一之五八"，中华书局1957年版，第879页。
② 孙轶旻：《李靖形象流变研究》，硕士学位论文，上海师范大学，2005年。

初，封李卫公祠为辅世灵佑王，元加忠显威烈王，赐庙额曰仁济。"①

宋真宗景德元年（1004），又进一步增加对李卫公庙宇的修建与赐祭，"遣供奉官钱昭厚增修。二年，又修后殿。四年，车驾朝陵，命入内都知石知颙致祭。祀汾阴毕，亲幸，登东北亭，观陂水，又阅碑刻所载不得详备，别命官作记"②。使李卫公事迹更加清晰、详细，并逐步推动李卫公信仰向民间扩散。大中祥符元年（1008），因封禅成功，而对神灵进行敕封，"诏：天下宫观陵庙，名在地志，功及生民者，并加崇饰"③。宋代敕封，除了皇帝对道教的崇信之外，还与当时的气候有关，这一时期，宋王朝灾害较多，对皇帝而言，通过祭祀神灵度过灾害也是一项必要的措施，"七月二十三日，诏：诸色晚田见阙雨泽，选日差官祈祷。又诏：淮南、两浙等路久苦旱灾，遣尚书职方员外郎张维祈祷，仍令逐路有载在祀典灵显祠庙，所在〔长〕吏精虔祈祷"④。虽说此事并非晋东南之事，但这作为一种政策在国家的政治考虑之中是有一定分量的。

宋代敕封，是李卫公信仰发展的重要一环，使其逐步确立了合法地位，影响逐步增大，在社会上进一步传播。可以肯定，晋东南李卫公信仰在宋代已有一定程度发展，至今保存下来的碑刻成为这一结论的重要明证。潞城神头岭至今仍保存有宋绍圣元年（1094）的一通碑刻，是当地人张山所撰，碑文记载道："惟兹潞城微子故墟，北行十里，爰有重冈复隅，土厚水深，风俗浑朴。是宜神灵安止，作庙于此百有余年，载在祀典，礼以时举，水旱病疫，祷无不应，牲牢享献，傍走数郡，岁月寖久，风雨倾圮。民乃相与，更而新之。会不逾时，壮丽轮奂，又架石为梁，以便其途，□石为碑，将纪其功，民以功成，来告于今，合尹谷君，以其可纪也。"⑤ 在张山的记载中，此庙已存在百年，可以肯定，对李卫公的信仰应在五代末宋初。似乎可以得出这样的结论，潞城李卫公的信仰是借着后晋的敕封之机而得以确立的。正因如此，当地民众才形成了较为深刻的印

---

① 康熙《陕西通志》卷二八《祠祀一》。
② 《宋会要辑稿》"礼二一之五八"，中华书局1957年版，第879页。
③ （元）脱脱：《宋史》卷七《真宗本纪》，中华书局1985年版，第139页。
④ 《宋会要辑稿》"礼一八祈雨之一四"，中华书局1957年版，第739页。
⑤ （宋）张山：《重修灵显王庙记》（照片），绍圣元年，现存潞城区神头村。乾隆《潞安府志》有记。

象。"没世之灵,御大灾,捍大患,兴云致雨,庇佑生民,以正共神,居庙堂之上,享万代之血食者,不亦宜乎?曩者,天党潞子之邦,斯神庙貌是处有之,每岁四月二十四日,遐迩居民咸致敬以禩焉。"① 并且已形成了固定祭祀日期,在每年农历四月二十四,远近居民都赴庙焚香。

元符年间,吕升卿(宋宰相吕惠卿之弟)过潞州,拜谒了李卫公庙,并有确切记载:

卫国李公,佐命唐室,勋德第一,生挺奇节,殁为明神,固其理也。传称公京兆人。元符元年九月,升卿行部入潞城界,至微子岭。有灵显王庙在焉,视石刻,乃知卫公之祠。庙貌甚盛,邑人祠祭,信向言神威灵祈请如响。问始所以建庙,则曰:王占籍于此。与唐史不同,莫可考者。时升卿自朔漕就移河东,由涉邑入境以十五日入庙。具礼修敬焉。谨记。②

可以看出,此时对李卫公庙的修建原因已无从可考,吕升卿听人说"王占籍于此",但所记与新旧唐书均不同,因此"莫可考者"。事实上,李卫公带兵打仗,不可能带有家眷,因此,无论是李卫公还是其家人,都不可能在此落籍。将李卫公当作此地人,应该是民众的传说和对李卫公崇信的一种情结。晋东南历来就是兵家必争之地,地势险要,出于屯兵原因,李卫公于唐初带兵过此,民众对此留下了记忆。尤其是唐宋时期,发生在晋东南的战争不计其数,在战争中或许会出现一些偶然因素或异象,改变了战争的结果,民众将此归因于神灵之助,并逐渐将这种灵验泛众化,最后成为具有一定影响力的民间传说。事实上,关于李卫公占籍于此的说法很难立足。但是关于李卫公与此地关系的说法却越来越多,进一步增加了潞城与李卫公的联系。宋人张山在碑记中也进一步肯定了李卫公信仰与当时汉民族与少数民族之关系,"夷狄之为中国患久矣。平城困高,冒顿嫚吕,武帝发愤,黩武穷兵,仅因乖乱。呼韩臣宣,实起刘□,唐祖之兴,屈身受辱。而公总督将领,生俘大憝,歼厥种类,上雪国耻,下舒

---

① (元)王天利,《重修灵泽王庙记》,皇庆元年,《山右石刻大全》卷三十。
② (宋)杨义方:《唐卫公晋封灵显王碑记》,乾隆《潞安府志》卷二九《艺文续编一》。

民力。近古以来，一人而已"①。从国家至民众，均将李卫公信仰当作能够带来福祉、保卫民众安居乐业的期盼。

然而，仅有居所上的安定并不是生活的全部，还需要有充足的生活资料。在农业社会而言，祈雨自然而然成为神灵的职责。于是，与其他民间信仰一样，李卫公信仰也开始增加了降雨的灵验之事。民众对李卫公信仰的形塑越来越丰富。光绪《潞城县志》中对李卫公行雨之事进行了记载："葛井山之阳曰圣母谷，在县东南三十里，相传卫公行雨处也，有圣母祠。宋进士张孝先撰碑文，纪其事，碑今存。"② 作者进一步解释道，县西南有起云台，亦传为卫公行雨处，其事之有日，盖自宋时已然。③ 文献中所记圣母谷，即今平顺县④北社乡东河村，原来称为东峪沟。其村保留有一座距今上千年的古庙——九天圣母庙，其主神九天圣母为道教神灵，"在天为玄妙玉女，在地为太乙元君"⑤，其实就是道教之祖太上老君的母亲。据庙中碑刻记载，该庙创建于隋唐，兴盛于宋，庙内存碑20余通。其中两通碑刻，记载了李卫公与本地的关系。

其一则碑文刻于建中靖国元年（1101）（图3-4），记载道："（天）[上]党郡潞州潞城县三池里东，古老云号圣母之仙乡，有宫庭耸丽，存灵象幽奇，金凤台高，闲于卫奇，海仙殿奥，列于云兵，此是大唐时未遇卫公投宵之所，得圣母重赐之筵，驾祥云□太虚之天，兴雷雨涤中华之国。"⑥ 不仅将李靖降雨之事与当地联系起来，而且将葛洪炼药亦与当地联系起来。使该地域充满了神话色彩，进一步烘托出圣母之地的仙灵之气。由此亦可佐证，宋时李卫公在当地的传说已较为普遍，否则张孝先不可能将此事载入碑刻。现今庙宇西北角，有李卫公殿，将传说故事以实物载体呈现于世。在碑末的赞文中，张孝先对李靖与圣母行雨之事进一步肯定：

---

① （宋）张山：《重修灵显王庙记》（照片），绍圣元年，现存潞城区神头村。乾隆《潞安府志》有记。

② 光绪《潞城县志》卷三《山水记》。

③ 同上。

④ 明清以前，平顺县属潞城县，称平顺乡。

⑤ （宋）张孝先：《潞州潞城县三池东九天圣母仙乡之碑》（照片），建中靖国元年，现存平顺县东河村九天圣母庙。

⑥ （宋）张孝先：《潞州潞城县三池东九天圣母仙乡之碑》（照片），建中靖国元年，现存平顺县东河村九天圣母庙；光绪《潞城县志》卷三《金石记》，缺字较多；冯俊杰：《山西戏曲碑刻辑考》，中华书局2002年版，第28页。

"海藏涛深，洞天构茸，耸碧□峨，□金丽熠，殿庑再严，绘画新立，威□长春，恩沾遐邑，圣母于兹，卫公到彼。云起灵宫，雷惊天地。电影盘空，葫倾甘味。大夏丰登，弥年茂翠。舜日重轮，尧云万□。永助寰区，普同乐业。"① 这些为后世求雨提供了基础。在李卫公庙祭祀求雨亦名正言顺，并且得到了验证，使李卫公庙宇在此地的信仰进一步加深。

图 3-4 平顺县东河村九天圣母庙建中靖国元年碑

金元时期，晋东南成为重要战场，对地方民众而言，需要得到保护，李卫公的忠、勇得到民间的拥护，李卫公信仰自然承担起此项功能。民众利用李靖在本地的历史事实对其信仰进行了进一步塑造，使李靖的形象更加全面、直观。他们说："距宋宣和二年复加赠灵泽，诗云：文王有灵德，又曰灵雨既零，岂非以王德神灵协民之祷，时雨沾足，苏我憔悴，泽我枯槁，灵泽之号意以此乎？迨主上即位之三年而礼乐法度制作一新，褒德显功，靡神不举，尚虑勋臣烈士而祠宇有未称者，乃诏郡国各以状闻。"② 碑

---

① （宋）张孝先：《潞州潞城县三池东九天圣母仙乡之碑》（照片），建中靖国元年，现存平顺县东河村九天圣母庙。
② （金）王陛臣：《重修灵泽王庙记》（照片），太和二年，现存潞城区神头村。光绪《潞城县志》卷三《金石记》。

中记载了宋代宣和年间敕封"灵泽"之事，但此事在《宋会要辑稿》中并未记载。同时也进一步记载了本次庙宇的修建过程，"是时，前参政马公节度潞事，披阅图维，躬诣旧址，嘉王之勋迹，显铄如彼，悼王之殿庑，湫隘若此。叹曰：甚不称明天子褒显之意也！遂以闻上，符下所在，出外府金泉，以给经营之费，方议兴功，移守开封。继而资政大夫李侯来镇我邦，署事未几。议毕斯役，命潞邑主簿孟公监董其事，征匠度功。经始有日，乡民闻之皆曰：赖王之休荫有素，所恨报礼未尽，各输所有。赞成厥功，不亦可乎？于是富者输其财，壮者效其力，以至土木瓴甓之用，云合雾集不日而备。自大殿而下，无虑百□，皆更而新之。丹□之剥者复炳，垣墉之颓者再植，尊雄□奥，望之俨然其壮观也哉。即役于明昌三年十月，毕功于次年正月。簿公率居民献享于祠庭，以告厥成礼也"①。这次维修，几多磨难，两代官员，共同致力，发放官帑，四方募化，经过一年多才正式完工，终于使得李卫公庙华丽壮观，成为地方重要名胜。

　　元人进一步强化了李卫公信仰与当地的关系，"若是则李药师之驾龙轩而飞空，泻天瓢而救旱，虽欲不信，得乎？当其佐太宗扫孤隋，南平吴会，北抵阴山，挥剑成汉，亦昼为夜，非万灵默佑，其孰能与于此乎？况此九天圣母者，在天为元妙玉女，在地为太乙元君，驱雷举电，叱风吒云，块掇五岳，盃揽四溟，非神妙不测，变化无穷，其孰与于此乎？由古潞城县东南数十里葛井乡，乡之东社曰圣母谷，谷之四面，山明水秀，石怪木老，乃太行左腋之最奇者也。谷之中云偬雾阁，风楼月榭，金碧照映，檐楹奂轮，乃卫公假宿之地也。其庙自隋唐以来有之，迄今五百余年矣"②。在赞语中进一步强调李靖与龙母降雨的功绩："天瓢不酾，民将告危，龙轩不飞，民将畴依，川可回西，山可圮夷。泽枯润萎，终无已时。"③ 自宋至元，李靖与潞城不可分割的联系已被充分认可。时人对李靖的信仰已深入记忆。正如当地居民在修建庙宇时所言："吾里中有王祠堂，

---

　　① （金）王陛臣：《重修灵泽王庙记》（照片），太和二年，现存潞城区神头村。光绪《潞城县志》卷三《金石记》。
　　② （元）缺：《重修圣母庙碑》，中统二年，光绪《潞城县志》卷三《金石记》。
　　③ 同上。

每遇灾沴水旱，居民聚祷，其显应捷如影响。"①

正因如此，李卫公庙宇不断得到民众的修缮，"□岁既久，风雨摧塌，至于瓴甓，一无所存。乡人由和靳亨、王宁等愕然大惧，有起废之心。谋于里人，无不允诺。富者以财，贫者以力，度材计用，辇木鸠工，百役皆作。不数日，构正殿三间，檐楹高敞，栋宇翚飞，为神止息之所"②。直到此时，李卫公信仰始终未与宗族联系在一起。从修庙的倡议者、参与者来看，此庙均为社庙、公庙，是一乡之重要庙宇，官员、乡绅、地方力量均有参与，并非李氏族人。且李氏族人在此过程中亦未起到重要作用。那么，可以肯定，李氏宗族对庙宇的认同，当为后来之事。

从历代李卫公庙修建碑刻中，可以逐渐梳理出潞城祭祀李卫公的原因，民众普遍认为，当地之所以信仰李卫公，是由于李卫公过"潞城，驻兵于微子岭，秋毫无犯，民感其惠，立庙祀之。祷雨辄应"③，或者认为"李卫公占籍于此"，与宗族并无关系。

除了潞城，李卫公信仰在襄垣、壶关县也有较为广泛的影响。壶关县城关在金代时已有李卫公庙，由于金末战争，导致庙宇毁坏，敝陋不堪，因此，至元十六年（1279），在海内清平、秩序稳定的情况下，皇帝敕封神灵、重视祭祀，乡人提议重修庙宇。"古壶林邑之北一里有庙曰灵泽，值大兵之后，正殿、廊庑烬灭不存，惟荆榛瓦砾而已。逮我大元国朝以马上得天下，四海隆平，封五岳，赠百神，诚敬如是也。于至元己卯春，本邑东坊马珪、陈让、北关秦秀、董秀等因时旸以致祷是庙焉。洎众相谓曰：斯庙之故基虽存，若不兴修，俾祭者无所瞻仰也。慨然皆有起废之心，遂命工规材，度木都监，凤山刘甫、州吏□才、程世珍以助其力，及夫李让、程忠、程琳、吴瑄、平福、闫让、王吉、路荣、秦诠、王懿以集其役，进士马温、阴阳王宽监督其功，如此经营五载，椓之以栋梁，鞭之以柱石，方成构架。"④ 至至元二十一年，基本结构已经完成。但由于主管人员去世而导致工程中止。大德三年春，王懿等人再次重修。大德八年，

---

① （元）王瑞：《灵泽王庙堂记》，缺时间，光绪《潞城县志》卷三《金石记》。
② 同上。
③ （清）冯文止：《重修灵泽王庙碑记》，乾隆五十八年，光绪《壶关县续志》卷上《艺文志》。
④ （元）王天利：《重修灵泽王庙记》，皇庆元年，《山右石刻丛编》卷三十。

山西地震，到处"山崩地陷，人之居舍少有完全者，惟斯庙之不坏"①，时人以为神灵默佑，显应一方。将此作为一个佳话广为流传。

灵验是民间信仰的起点，是民间信仰不断传承的内在力量。在民间信仰的泛众化过程中，正是这些断续的灵验故事将民众的记忆串联起来，并经过众口加工、神化，最终使得民间信仰成为区域社会中的重要组成部分。在李卫公信仰的形成发展过程中，这些灵验故事就成为重要的连接线。大德年间的地震是山西历史上的一次破坏程度较大的地震，史载："七年八月辛卯夕，地震，太原、平阳尤甚，坏官民庐舍十万计。"② 然而，历代《壶关县志》中记载缺失。如此惨烈的地震居然没有破坏李卫公庙，自然引起乡民的格外关注，于是以神传神，使李卫公庙增添了神秘的色彩，为其后进一步增加神性提供了基础。

皇庆元年（1312）春，乡绅王大利与其兄弟商量重修此庙，里社多人帮助，共成盛事。前后共历三十四年，终于使得李卫公庙完整修缮一翻。此庙成为壶关李卫公庙中规模较大之庙宇，奠定了李卫公信仰在周围传播的基础。距壶关县城大约5公里的李掌村，亦建有李卫公庙（图3-5）。该庙坐西北朝东南（向西偏27度），平面布局长方形一进院落，东西长31米，南北宽41米，占地面积约为1271平方米。现存碑3通，碣2方，庙内建筑共5座，平面布局采用中轴线左右对称的格局，由南向北中轴线上有献殿、大殿，两侧为东西厢房、东西耳房。庙宇位于村中央大街旁。戏台在20世纪被拆毁，只剩基址。其中的一通碑刻记载了修建庙宇的经过：

> 李桂，字德华，祖壶关县李掌村人也。后迁本县东坊居住。前充潞州帅府令史及仓库兼宣差所知事男李才，见充潞泽沁三州诸军奥鲁明安下知事，切见祠下基阶，累经兵火颓毁。特发诚心，自舍己财，命工重修，兼赖本村众力扶持，今既工毕。自此之后，伏愿风调雨顺，四时享祀；国泰民安，五谷丰登，合家安乐。③

---

① （元）王天利：《重修灵泽王庙记》，皇庆元年，《山右石刻丛编》卷三十。
② 《元史》卷五十《五行一》，中华书局1976年版，第1083页。
③ （元）李桂：《灵泽王庙重修基阶记》（拓片），延祐四年，现存壶关县李掌村灵泽王庙。

图 3-5 壶关县李掌村李卫公庙

李掌村有五百余户，人口两千余人。其中李姓居多，此次维修，从倡议到捐赀、维修，大多为李姓族人，但该庙是否与宗族有关却不得而知。不过，可以肯定的是，元朝时期李卫公信仰在晋东南的范围已越来越大。

三 明清以来李卫公信仰的扩散

明清之时，崇奉李卫公的人越来越多，除潞城县之外，开始向平顺县、襄垣县扩展，成为晋东南区域又一主要信仰。① 明人曹学佺"按潞州，拟奠李卫公祠，不果。步次叶文庄公韵：廿载怀公计谒祠，潞城迢递未能之。盛传召应当年事，空忆勋名在昔时。日影驶流冬欲半，山隈寒勒雪消迟。梧楸百里烟霞外，立马西风揽辔丝"②。在诗中，作者表达了对李靖军事才能以及卓越功勋的肯定与敬佩，同时，也表达了未能拜谒李卫公祠的遗憾之情。壶关县李掌村李卫公庙于明正德年间再次修葺。但此次李氏参与人员较少，似乎该庙已不为李氏所有，而成为村社之大庙。乾隆年间再次修葺，冯文止为其撰碑。

襄垣县也成为李卫公信仰较为集中的区域。沿浊漳河一带，甘村、太平村也有了李卫公庙宇（图3-6）。北里信村于元代已建有灵泽王庙，洪

---

① 晋东南区域特色民间信仰以三嵕、二仙、三教、商汤等为主，李卫公信仰虽然从分布范围上不能与其相比，但在潞城、黎城、平顺以及泽州一带，仍显得非常突出。

② （明）曹学佺：《石仓历代诗选》，文渊阁四库全书本。

武七年（1374）在卫氏族人的主持下重修，使庙宇"革故易新，栋宇翚飞，金碧焜燿。过者为之起敬，而瞻者耸观焉"①。本县儒学教谕米巨川为此撰写碑记。太平村灵泽庙于万历年间重修，得到了僧人以及居士的赞助，使得庙宇重修辉煌，成为乡民祈福祭祀之地。②

图 3-6 襄垣县太平村灵泽王庙

位于浊漳河下游的平顺县，也成为李卫公信仰的重要区域。长期以来，李卫公作为北社九天圣母庙的陪祀，历代得到重视。嘉庆二十一年，在阖社人等的支持下，将"后土殿、关圣殿、灵贶王、灵泽王殿"③ 一起修葺，使得灵泽王殿与其他殿宇以新的面貌展现出来。离此不远的西社村，亦建有李卫公庙。道光年间重修时由于时间久远，已渺不可知。现存庙宇占地面积 900 余平方米。坐北朝南，一进院落布局，中轴线建山门（上为倒座戏台）、献殿、大殿，两侧建筑已不存。大殿主体结构为元代建筑，面阔三间，进深六椽，单檐硬山顶，石砌台基，高 0.65 米。梁架六椽，屋四椽，栿对前乳栿，通檐用三柱，柱头斗栱五铺作单抄单昂，补间每间一朵。门窗已不存。殿内山墙、后檐墙、栱眼壁内存清代壁画 40 平方米。

老申峧村位于浊漳河下游南岸，乾隆年间创建李卫公庙，建庙主要是为了保护村落安全，在碑文中一开始便讲到李卫公的功绩："尝闻天之大德曰生，天之长善曰元。其所以泽宇宙而登大象、照乾坤而骤维熙，庇我

---

① （明）米巨川：《重修灵泽王庙记》（照片），洪武七年，现存襄垣县北里信村灵泽王庙。
② （明）翟师孔：《重修灵泽王庙记》（照片），万历四十六年，现存襄垣县太平村灵泽王庙。
③ （清）陈文珍：《重修后土殿关圣殿及灵贶王灵泽王殿碑记》（拓片），嘉庆二十一年，碑存平顺县东河村九天圣母庙。

圣王立，佑我黎庶，其德广，其利传，□照万古而如斯者也。今观我广德灵泽王佐唐以立极，代天而宣化，泽及当时，恩垂后世，寔与天并行而不悖也。愚小民居处覆冒子下，安享乐育之风，谁不仰创立神功雨旸时若之恩。由是建宇立象，乾乾夕惕，秉烛焚香，无地不然。"① 另一方面是为了保障村落风脉，因此在村北建庙。"况我老申峧地灵人杰，气化形生，真如嵩岳降神，太山毓秀而吉地传于庄北焉。有维首王显臣、王爱众、岳珠、王爱新、岳聪、王济有六人闻发善心，议立碑记广德灵泽殿一所，爰以春祈秋报，复以萱风稚俗。"②

尤为重要的是，李卫公信仰开始离开浊漳河流域向毗邻的沁河流域传播。在离长治不远的泽州县，也成为李卫公信仰较为集中的区域。晋普山，是泽州县境内的一座重要山峰，"山脊南行，一峰与山对峙，远望若双马耳，俗曰尖山"③，这样险要的地势，是行军、驻军的重要地方，俗传李卫公带兵路过此地，因此留下了关于李卫公的传说，为其建庙亦在情理之中。"李卫公庙，在晋普山。"④（图3-7⑤）甚至出现了并祀现象，"三忠庙，城南关祀汉诸葛武侯亮、唐李卫公靖、宋文丞相天祥，旧为宋神铳营天王堂，有宋元祐碑，今改建三忠庙"⑥。足见当地人对李卫公的重视。明代当地名人原杰还写过赞扬之词："功施唐世建行祠，景仰英风一吊之。碑写岳书铭在昔，简遗将略式今时。气滋碧草春生早，精返苍冥月落迟。庙古山回人迹少，虬松黛柏挂蛛丝。"⑦ 其他名人亦纷纷效仿，作诗纪念李卫公："曾岭遥登拜古祠，晋阳勋业叹何之。千秋庙食传今日，百战功名忆昔时。苔锁深宫人到少，霞封古木鹤归迟。□时不尽奥亡感，何忍英雄□若丝。"⑧ "鹿死无双手，将军眼一舒。天装秋水剑，鬼泣阵花书。去就

---

① （清）张宗、孔希圣：《创立灵泽王庙碑记》（照片），乾隆五十年，现存平顺县老申峧村灵泽庙。
② 同上。
③ 乾隆《凤台县志》卷二《山川》。
④ 乾隆《凤台县志》卷十二《庙祠》。
⑤ 当地人称晋普寺，正殿供奉李卫公，据看庙人讲述，其庙就是为李卫公而建。
⑥ 乾隆《凤台县志》卷十二《庙祠》。
⑦ （明）原杰：《谒李卫公祠》，乾隆《凤台县志》卷十七《艺文》。
⑧ （清）陈元：《谒李卫公祠有感》，乾隆《凤台县志》卷十八《艺文》。

争几早，兴亡隔寸余。堕荒何太甚，尚不待儿如。"① 这些咏叹诗均为赞叹其带兵打仗，帮助唐朝平定天下的事迹。晋普山一带祠祀李卫公，应该与此相关。主要强调其军事性及保卫地方平安之功能。"北大社有唐李卫公庙，明天启三年，覃怀贾复碑，谓：卫公过此，众辑而弗扰民，居民德之。既去，立庙孤峰。凡疫灾旱患。祷则辄应。"② 并且还记载有关于李卫公降雨的故事。"公射猎山中，宿一朱衣家，夜半，叩门急。一妇人谓之曰：此龙宫也，帝符行雨，二子皆出，欲奉烦，何如？命乘骢马系一小瓶，戒曰：马躩地嘶鸣，取水滴马鬃上，一滴水三尺，慎无多也。既而电掣云间，连下十余滴。是夕，平地水三丈，后世祖其说而传之。泽土多旱，社人亦有为而为之。或曰：公，三原人，尝偶一过此耳。"③ 试想，如果没有一定影响，这些故事能进入修志者的视野吗？由此，亦从另一方面看出李卫公的故事在当地影响之深。④

图 3-7　泽州县晋普山李卫公庙

在长期的历史传承中，李卫公信仰成为晋东南具有特色的民间信仰，

---

① （明）郭新：《唐李卫公祠》，雍正《泽州府志》卷四八《艺文》。
② 雍正《泽州府志》卷五二《丛谭》。
③ 同上。
④ 侯峰峰对晋城泽州一带李卫公信仰进行了研究，认为李卫公信仰在此之所以盛行，主要是由于其地理环境导致多山多旱，致使祈雨在民众生活中显得重要，成为崇奉李卫公的根本目的。对李卫公信仰的传说与记忆亦反映了明清时期北方经济逐渐落后于南方，民众为弥补心理上的落差才杜撰出一些故事并加以演绎，使李卫公信仰在地域社会中广为传播。（《晋东南李卫公信仰与地域社会变迁研究——以泽州县为主的考察》，硕士学位论文，山西大学，2017）

成为护卫民众安全、帮助民众祈雨的重要守护神。千百年来，名贤汇聚于此，留下了许多墨宝，以寄托对李靖的哀思。弘治《潞州志·潞城县》收录诗11首，康熙《潞城县志》收录诗33首，兹举数例：

  明人杜毅作《谒李卫公庙》："鹿走中原未有王，天生英辅定封疆。直期神策清寰宇，不倦戎衣老战场。竭节大唐存首冠，献书西岳见肝肠。我来为吊当时事，拜谢英灵有耿光。"①

  明代会稽胡谥《谒李卫公庙》："名臣千载有封祠，英爽攸攸何所之。逐鹿已穷隋苑日，从龙初起晋阳时。文才自足兼如晦，武略还能下尉迟。驻马长吟抚遗树，一庭风絮乱游丝。"②

  副使叶先登《谒李卫公祠和韵》："维公勋德自应祠，村曲奚为专祀之。考昔或云曾占籍，询今尤道烈当时。年年社赛笙吹沸，日日炉烟篆结迟。身际风云神雨泽，丰碑奕代泐如丝。"③

这些诗歌的背后是李卫公信仰所折射出来的对民众心理的抚慰与民众的期望，各种遗迹、故事、碑刻、记忆成为民众心理的支撑和区域文化汇聚的气质，成为传统文化的依靠，是民众的精神支柱。其实，在古人心中，他们亦未必真的相信神灵存在，但是却愿意将这些文化加以传承。这是一种文化，是一种看不见的力量，不仅能够凝聚人心，更重要的是能够使区域真正成为区域。

第二节　李卫公信仰的仪式

  随着李卫公信仰在民间社会的传承、记忆与传播，各种仪式逐渐生成并成为巩固民间信仰的重要手段。这些仪式包括祭祀、庙会以及祈雨等。"借助仪式，人们能够克服社会存在的差异，建构社会秩序和共同的归属感。仪式使人们有可能在共同的行动中邂逅、相知并相互融合。"④ 无论是

---

① 弘治《潞州志》卷九《潞城县》，中华书局点校本1995年版，第462页。
② 同上书，第464页。
③ 康熙《潞城县志》卷七《艺文志·诗》。
④ ［德］洛蕾斯·辛格霍夫：《我们为什么需要仪式》，刘永强译，中国人民大学出版社2009年版，第5页。

在公祭还是私祭中，不同地域的民众加深了对李卫公的敬仰，也形成了具有凝聚力的群体。

一 祭祀

长期以来，在民间信仰的泛众化过程中，形成了相对固定的祭祀仪式，反过来，这些仪式又巩固了民间信仰在民众心中的认可度。至清代，李卫公信仰已成为官方祭祀的重要组成部分，县志记载，每年仲春上戊日祭，祭品为羊酒庶品。在民间亦有私祀者，日期为农历四月二十四。① 这些仪式使李卫公信仰在民间不断扩散、巩固，对其记忆亦渐渐沉淀于民众心中。

平顺县大铎村李卫公庙中大殿塑李卫公、三崚、牛王三尊神像（图3-8）。"我村旧有大庙，中卫公，左山崚，右牛王，固奉承而罔敢或违者也。"② 长期以来，卫公庙中一直塑有三尊神像，这是民间神灵敬奉的一种常见方式，既有功利主义意味，多祈多福，亦有神亲意味，神与神之间有各种各样复杂的关系。据时人回忆，以前李卫公庙中的塑像造型，"中塑卫公神坐像，背靠后墙，高约六尺余，体态龙钟，坐于正中，长方粉面，眉清目秀，三绺髭须垂胸。头戴平顶珠帘皇冠，身着官服玉碧绿色长衣，足踏登云靴，双手并握不大的掩面笏，情露善良慈祥。左塑（山）[三]崚神坐像，略低于中，四方赤面，帚眉横起，瞪眼怒唇，五绺露口黑须，头戴束发黑冠，身着紫袍，脚踏虎头靴，双手握掩面笏，情显性暴凶恶。右塑牛王神坐像，略低于中，长方粉面，阔耳垂户，剑眉清秀，面目慈祥，三绺髭须长髯飘胸，头戴上古包巾束发冠，身着蓝色官服，足踏粉底皂靴，双手并握掩面笏，情表正直慈祥"③。除此之外，还要在"卫公神纱窗前放一尊与大像相同的约二尺高的小泥塑像，以便庙会时动用，搬移方便"④。就是说庙会时要抬着李卫公神像巡游，既要让百姓看看神灵的尊容，又要让神灵浏览自己所管一方的土地民情。大铎村农历二月二十七至

---

① 康熙《潞城县志》卷四《典礼志·祀享》。
② 宋爱民、宋彦升等：《大铎村志》，内部资料，2004年，第85页。
③ 同上书，第87页。
④ 同上。

二十九要举办有东青北、西青北参与三村庙会，大铎村主办时，探马4匹（在全村挑选好马），选好的骑手，专人乘骑。"骡驮故事"至少四桩（两根标直驮杆，插在驮架的架窝里，一前一后两头骡子驮着中间扮故事的小孩子）。四台"杠"，由两人台闪，两人护理。"宝应席"至少8人，多则不限。每人手拿用红布裹的酒杯，有的骑骡马，有的步行。由阴阳先生率领，四人抬着"小架老爷"出发。大铎村的主神是李卫公，因此小架老爷就是李卫公，头上打黄伞，四人抬着巡游。①

图3-8　平顺县大铎村李卫公庙

在泽州县西峪村，"李卫公庙会是在四月二十四日，会期三天，唱戏七场，传统延续至今。但因古戏台较小，又须保护，所以近年来常请晋城、高平等地上党梆子剧团，到村里新建的人民剧场演出。这里交通方便，周边村庄总有许多人前来助兴，喜欢看戏的人仍然很多"②。

二　祈雨

在李卫公信仰的不断传承过程中，民众要根据自己的意愿对其形象进行不断塑造，最终使得民间信仰成为与民众密切相关的心灵慰藉，如果缺

---

① 宋爱民、宋彦升等：《大铎村志》，内部资料，2004年，第54页。
② 冯俊杰：《山西神庙剧场》，中华书局2006年版，第250页。

乏这一塑造，民间信仰则难以确立根基，便会失去进一步发展的后劲。①按民众的理解便是"神者，民之庇也；民者，神之依也"②，这样一种依赖关系使民间信仰不断扩大，使民众对民间信仰更加执着。

在传统社会中，对神灵信仰的塑造，主要手段便是为其赋加降雨之职。以晋东南区域而言，三嵕、二仙、三教、商汤信仰等均具有降雨之功能。在对李靖形象的塑造过程中，民众仍然不能超脱这一模式，为李靖增加了降雨之职。在他们看来，既然神灵无所不能，降雨便是其应有之职，而降雨又是传统社会与农业生产最相紧密之要素。于是，李靖自然而然成为民众祈雨的神灵。民间信仰的这些功能得到了官方的认可，并且通常情况下地方官员要负责主持祈雨仪式，率领乡民共同致祭，祈祷甘霖。县志载："凡水旱灾侵，县令率僚属士民设坛祈祷，又遍诣应祀神庙，拜礼如常。"③

李卫公信仰则通过李靖帮助龙王降雨的故事，在民间广为流传，因而民间亦有求雨之习俗。关于李靖降雨的故事，《天中记》记载："李靖微时，尝射猎山中，会暮，投宿一巨宅，有老妇延之。中夜扣门甚急，妇人曰：此非人世，乃龙宫也。今天符命行雨，二子俱出，计两处云程，合踰万里，欲奉烦顷刻，如何？遂命黄头鞴青骢马，又命取雨器，乃一小瓶子，系于鞍前，戒曰：马跃嘶鸣，取瓶中水一滴滴马鬃上，谨勿多也。既而电掣云间，见所憩村连下二十滴，既归，老妇泣曰：何相负之甚？此一滴乃地方一尺雨也，此村夜半平地水深二丈，岂复有人？妾已受谴，杖八十矣。"④毋庸讳言，《酉阳杂俎》是在民间叙事基础之上的概括与整理，可以肯定，长期以来，李靖降雨的职能在民间已广为流传，因此作者将其整理后收入集子。民间求雨的习俗，在晋东南亦较为普遍，潞城、黎城更为广泛。

在田野调查中，可以听到各种关于李靖行雨的故事，它们比文献记载更为丰富、详细，甚至人物的表情、语言、动作都更加细腻、生动、传神。这是民众叙事手法的体现，为了表明事件的真实性，他们会在故事情节的基础上，增加个人的理解与表述，使情节逐渐完善、周全，使听讲者

---

① 具体论述可参见段建宏、樊慧慧、张慧仙《晋东南二仙形象的演变与功能叠加》，《中国地方志》2017年第7期。
② （清）赵默：《施地护庙碑记》，《三晋石刻大全·长治市襄垣县卷》，三晋出版社2015年版，第238页。
③ 康熙《潞城县志》卷四《典礼志·恤政》。
④ （明）陈耀文：《天中记》卷三《李靖行雨》，文渊阁四库全书本。

更加确信无疑。在长期的流传过程中，李靖代龙王行雨的故事在民间生根，并成为民间信仰功能的主要体现方式。他们不断建庙祭祀，从根本上说，就是为了"恳祈保佑风调雨顺，国泰民安，田蚕茂盛，六畜兴旺，家家乐业，户户□□"①。正如史籍所言，"岁岁奉祀不息，雨旸之祈捷若响应"②。在后来的发展中，李卫公与降雨的关系越来越密切，在民众心里，他掌管天上降雨之事，为百姓带来福祉：

问：灵泽王在咱们这有没有什么故事呢？咱老百姓为什么信他呀，或者有没有干过什么事啊，求过雨吗？

答：灵泽王还有一个名字是黑龙神，这个三峻爷就是地方神，就是管长治的神，这个黑龙神比较普遍，是一个村选一个神。东庄的庙的主神就是黑龙神，王家庄的就是灵贶王三峻爷，窦口的叫窦建德，是地方老百姓敬他的，这个故事是为了祈求风调雨顺，然后给他封的。这个庙就是以前嘛，就是靠天吃饭，主要是求雨，风调雨顺，庄稼长得好。盖一个祭祀的地方，祭祀他，祈求能下雨。为什么要盖这么大的规模呢？主要是天下主管，还为了吃穿呢，老百姓更是为了吃穿。③（图3-9）

图3-9 采访岳丙寅

---

① （明）彭嘉庆：《重建晋普山行祠记》（照片），嘉靖四十二年，现存泽州县南洼村李卫公庙。
② 乾隆《潞安府志》卷七《群祀附》。
③ 岳丙寅讲述，采访时间：2017年3月5日，采访地点：平顺县东庄村，郝婷婷整理。

正因如此，在晋东南区域，李靖便成了龙王。① 它能腾云降雨，曾在起云台、蟠龙山、三池里（黄池一带）降过雨。"黄碾南三垂岗屡战得胜……曾在起云台、蟠龙山、三池里（黄池一带）降过雨"②，黄碾、三垂岗皆属潞城范围，"按县西有起云台，亦传为卫公行雨处，其事之有，曰盖自宋时已然"③。将李靖率兵打仗的地方改在本地，行雨之处也在本地建立。利用民众对祈雨这一功能的重视，进行合理塑造。之后开始广为流传，成功将其在地化。对传说故事进行合理的改造，将故事进行嫁接，信仰在地化使得当地李卫公信仰的本地色彩浓厚，增加当地民众对此的认同。"县册，光绪初，潞民叠次祷神祠，屡获灵验，经巡抚曾奏请加封，于（同治）六年四月奉旨加封灵显灵泽翊运王，并颁'溢语腾声'四字匾额悬祠中，岁时致祭。"④ 李卫公信仰在当地的地位进一步巩固。

在各地，都能听到当年求雨的故事，虽然故事的细节并不相同，但大致过程相似。

问：那爷爷您小时候记得这个庙里有没有办过什么活动，有没有求过雨呀，求过显过灵啊？

答：没有求过雨，求过龙王。

问：在那儿求雨的时候您见过那个仪式您参加过吗？

答：没有，我没有参加过。

问：您听说过吗？大概是要怎样一个流程，您能跟我们说说吗？

答：听说过。这个庙就没有求过。

问：我说你们去那个庙求雨的时候具体的一个过程能跟我们说说吗？

答：取雨了，是在龙王宫取过雨啊。我也是听老人们说的。专门

---

① 在晋东南，龙王庙很多，但不一定皆为东海龙王，因此，在田野调查中一定要严加区分。盛行于晋东南的昭泽王信仰，亦被称为龙王。三嵕神亦被称为龙王。甚至有五龙王之说。
② 宋爱民、宋彦升等：《大铎村志》，内部资料，2004年，第83页。
③ 光绪《潞城县志》卷二《建置沿革考》。
④ 光绪《潞城县志》卷二《祀典考》。

有一个老汉，人家就是脚底上，人家在这个地上搓搓就走了。人家最有本事了。光着脊背，黑脊背，我记不住了。就那一个老汉人家能求雨。那一个人特殊。

问：那他怎么求啊？

答：烧香，去龙王宫烧香。

问：那穿鞋吗？

答：不穿。

问：不穿鞋，半路能回头吗？

答：也不回头。

问：女的能去吗？

答：女的不能去。

问：那小女孩能去吗？

答：不能。那个时候就重男轻女就不行。

问：就是求雨的人都是男的？

答：都是男的，女的不能去。

问：有没有要戴帽子？

答：戴个草帽。①

在其他村子采访时也有类似的回答。

问：你们去那儿求过雨吗？

答：求过，西偏殿有龙王爷。正殿是灵泽王。求雨的话就求龙王爷。民间传说吧，如果说一直不下雨，就把龙王爷搬出来晒晒太阳。人们都是磕头求雨。

问：您见过求雨吗？

答：我就是求过。

问：那您说说这个过程呗，您不是去过么。

答：跟着老人们，他要是不下雨的话，就一起去把老爷搬出来晒

---

① ×××讲述，采访时间：2016年8月24日，采访地点：襄垣县太平村，申茜茜整理。

一晒，磕头烧香。

　　问：如果晒过之后还不下雨怎么办？

　　答：下，很灵验。快下雨的时候再把龙王爷搬回去，别让老爷淋雨。龙王爷好求的呢。①

　　这些仪式为李卫公信仰的传承和积淀提供了重要保障。它使庙宇碑刻记忆与传说故事实实在在呈现于世人面前，将无形中的精神物化为可观可摸的形式，让人们的记忆更加深刻，让人们的理解更加直观，让人们对李公卫的信仰更加加重情感。并且，在一代一代的传承过程中，显得现场化。经历过仪式现场的人在讲述故事时，可以非常生动、具体，并且可以增加个人的真实体会，使听讲者能够感到一种真实的、发自内心的情感流露。这种情感流露是传统文化传承的重要元素。

第三节　李卫公信仰的宗族化

　　随着李卫公信仰的不断在地化，潞城区沟东村民众在宗族建设过程中，将李靖奉为祖先，载入族谱。此后，李卫公不仅是国家信仰、民众信仰，而且成为宗族信仰，使三者合而为一。"据家谱记载，李氏宗族历史上先后在三地定居，十代以前定居太原，第11代李胡迁居漫流河，定居至27代，第28代李功、李绪迁居沟东至今共42代。家谱是由第七代李淮等四人建谱，已进行过七次传抄、续接，一代接一代的记录整理，实为珍贵。"②

一　《李姓家谱》对李氏宗族的建构

　　沟东村位于潞城区东南部15千米处，呈条形分布，康熙间属西流里③，全村62户，220口人。村中以李姓为主。李氏至今保存着一部家谱，

---

① ×××讲述，采访时间：2016年8月24日，采访地点：襄垣县甘村，申茜茜整理。
② 《李姓家谱·序》（内部资料）。
③ 康熙《潞城县志》卷二《建置志》。

在宗族内部传承。（图3-10）现今看到的是2001年由李水清等人重修的。家谱的编撰，使李卫公信仰深深渗入宗族信仰之中。随着民众记忆的不断强化，李靖在李氏宗族中的不祧之祖地位已牢不可破，即使是普通民众亦会如此认为。

这个书上没有，这是我们的家谱，前面的可能都对着呢，后面这个东西可能要找，我们这个家谱来到沟东村是带着的，已经来到沟东村不到六百年，不到六百年，就来了弟兄两个来这修庙。神头那儿有个家庙，那俩大碑还在呢。家庙就是李靖的，李靖的家庙。那时候唐朝打仗，李靖是个军事家，唐王问他你要休息还是要干啥。他说要休息，要休息就得找个地方，顺着龙脉顺着山势就来到这个地方，这个地方叫凤凰双展翅。在这个地方盖了个庙，这个庙是给李靖盖的。在日军来的时候，四几年日军来的时候，大战神头岭才把它给毁了。①

图3-10 《李姓家谱》

民众关于李靖奉敕寻地修庙之事当属虚构。民众虚构此事，亦从明朝开始，有了具体故事。

明之天下大定，（未）[唯]有獒来国不服，上命新科状元詹同，出海封王，李怀爵为副。至夷事毕，詹同病亡，怀爵复命。上悦，赐宝马、玉盆，又赐蟒袍玉带。怀爵以女月姑配十太子，上使太子各守地界，十太子守潞州，封为沈王，使怀爵长子李庞为佑，以韩彬为将，至潞州，以庞君之妹为贵妃。庞君为国舅，有千里龙驹，日三朝三回。韩彬奏曰："国舅不暇朝王，在御林坡成其大事，文武朝贺，

---

① 李××讲述，采访时间：2016年8月23日，采访地点：潞城区沟东村，申茜茜整理。

十象把门，恐他日终为国家之患也。"王然之，随令大将靳善击之，张光仁急出班奏曰："千岁莫听谗言，诬屈忠良，李庞兄弟忠良，世之莫及者，想日三朝者忠君也，三回者爱亲也，二者尽臣职子职而已，千岁何必加兵，使万姓心不宁也？"彬曰："主公莫听光仁之言，惑乱君心，既为忠良，龙驹宝盆何不孝敬主公？况且人号金铃李家，日三朝者探主公之虚实，三回者训练兵马，娘娘居于内，李庞居于外，恐一时乘风而动，我主内外不能接应，臣卑早知其事，不敢面奏，今事在危急，愿主公三思。"王准奏，遣大将击之，违令者斩，有再谏者斩。张光仁不敢再谏，急令使者至御林坡通信，李氏宗族散于四方，庞君跨定千里龙驹，怀抱玉盆，向崇冈山而去，行至太子坡，盆失马亡，庞君无奈，入辽山金玉寿修行，月姑知晓撞头而亡。王后察其事，果如光仁之言，悔之不及，将韩彬推于市曹斩首，命太史择吉日回朝，未及起程，上知有数事，大乱纲纪，上怒。旨到王薨，奉上命月姑（于）[与]王合葬于十家村中，朝臣有念怀爵君忠良者，作诗于明远堂上，诗曰：大明不剿李怀爵，君义臣忠两得之。义似汉王封雍齿，忠如蜀将斩严颜。精神贯日华日见，气节凌霜天地知。却恐史臣编不到，朝臣和泪写新诗。宰相李善长知之曰：奸佞得逞日，忠良不久长。若讨上方剑，专杀佞臣头。详记大明太祖九年，李氏散于四方，有走于安阳、林县呵口村，有走于古黎，有走于太原，有走于河南，追不可稽，功君绪君去而不远，不忍失崇冈山家庙祭拜，先祖坟茔，慎终追远，因此在沟东立一小村安居，庶不失木本水源之念也。四方离散祖之名讳不知，各书各谱耳。当时宰相李善长启奏，后封李氏不见隐于何处，上亦不复究，至此，功君绪君为首，不敢露祖之名讳，恐上怪隐名之罪，随立二祖分金。①

此故事之中很多事情已不可考，甚至还有错误之处。

1. 傲来国。《明史》不载，仅《西游记》中开篇记载了傲来国的基本情况："感盘古开辟，三皇治世，五帝定伦，世界之间，遂分为四大部洲：

---

① 《李姓家谱》（内部资料），第 161 页。

曰东胜神洲，曰西牛贺洲，曰南赡部洲，曰北俱芦洲。这部书单表东胜神洲。海外有一国土，名曰傲来国。国近大海，海中有一座名山，唤为花果山。此山乃十洲之祖脉，三岛之来龙，自开清浊而立，鸿蒙判后而成。"① 傲来国究竟在何处？历来亦有学者进行过研究②，但由于其本身就是虚构出来的，并无法与现实一一对应，各地总有与此描述相应之处，因此，笔者认为傲来国没有实地。《家谱》一开始就将一个虚构地名（傲来国）用于故事的叙述中，是家谱叙述的一贯做法。如此可使其祖先开创之功充满神秘性。

2. 詹同出海封王。《明史》记载：詹同，至正中，举茂才异等，除郴州学正。朱元璋攻下武昌，召为国子博士，赐名同。③ 并无科考记录。在《明清进士题名录》中，亦无詹同之名。可见，《家谱》中的詹同与历史上的詹同有很大出入，家谱在建构家族史的过程中并没有进行过严格的考证，而是根据民间的传说故事进行了加工。明初，虽有封外国王之事④，并未有出海封王之事。出海封王之事，当为明成祖派郑和下西洋时期。《明史》记载，洪武七年，詹同去世，而非在海外身亡。

3. 李怀爵事迹。我们无法否认李怀爵其人存在，但其事实却为子虚乌有之事。既已没有詹同出海封王之事，那么李怀爵为副使之事也难以立足，更不可能代詹同回京复命。其后皇帝赐宝马、玉盆之事亦难以属实。"怀爵以女月姑配十太子，十太子守潞州，为沈王。"据史料记载，朱元璋二十六子，其中第十子为朱檀，庶出，洪武三年封鲁王，十八年就藩兖州府，二十二年薨。⑤ 封为沈王的是其二十一子模，亦为庶出，洪武二十四年封，永乐六年就藩潞州，宣德六年薨。⑥ 因此，李怀爵以其女配十太子沈王之事更无从谈起。

---

① （明）吴承恩：《西游记》，人民文学出版社1990年版，第2页。
② 李洪甫：《西游故事的地望解析》，《淮海工学院学报》2004年第3期。
③ 《明史》卷一三六《詹同传》，中华书局1974年版，第3928页。
④ 如洪武二年六月，封陈日烇为安南国王。八月，封王颛为高丽国王。其余大多为入贡。《明史》卷二《太祖本纪》，第19—38页。
⑤ 《明史》卷一〇一《诸王世表二》，中华书局1974年版，第2623—2624页。
⑥ 同上书。

其他人物如韩彬、张光仁等已无从考证。但就其史实而言，实难服众。不过，对家谱而言，这样的一种建构方式却较为常见。他们通过神话传说、民间故事、修改过的历史事实等方式使自己的祖先有一段光辉的历史，以证实家族兴起的艰难。在东沟村李氏宗族建构过程中，亦运用民间故事将其祖先之事记载下来。以后的记载以完整的故事论述了李氏从漫流河迁至东沟的过程。正是因为奸臣诬构、造谣，使得沈王欲将李氏一门斩尽。忠臣张光仁为了保住忠臣之后，骑千里驹通风报信，使得李氏族人迁居他方，这才有了后来的繁衍生息。笔者还在思考，如果因反叛被灭族，李氏从漫流河迁到沟东村，不及十里的距离，能否逃过官兵追击？能否避开告密者的视线？况且李卫公庙在潞城修建自宋已有记载，而据族谱记载，李氏宗族至明初才迁居于此，怎么可能是李氏宗族的家庙？家庙如何能得到国家的敕封？由此可见，李氏宗族与李卫公信仰之间的关系是后来建构出来的（图3-11）。

尽管如此，本书仍无意贬低宗族，更不会因此而置疑宗族的建构，仅仅希望人们将宗族的建构与历史事实区分开

图3-11 《李靖家谱》中的李靖像

来。宗族的建构属于文化层面，为了延续民众记忆，增加民众情感，通过文人虚构与想像的笔法予以讲述详细过程自在情理之中，也是研究者可以研究之处。但这绝不等同于历史，历史来源于真实的事实，研究的目标也是不断追求真实，研究者有自己的方法与原则，文史在此处必然有根本的不同。

在《李氏家谱》中，李氏族人对李靖进行了评价："靖君者，仁人也，德人也，以仁爱民，以德庇群生，赞天地之化育，人人无不敬仰，况助唐

安国封为王公，赞天之功，敕封龙首，功垂千古，德种后世。"① 不仅如此，还将李靖进一步神化："于主上权国八年，上庆天曹，下掌幽冥，曾学仙术，又有飞仙变化之术，丹药符（录）［箓］之技，祷祠醮祭之法，沉沦鬼狱之论。论文在诸儒之上，论武入山擒虎，下海捉龙，靖君大有功于唐世矣。后入香山修行，水淹长安，敕封龙神为首。"② 这些叙述，基本可以确定为民间语言，并非文人一般叙事手法。可见对李靖的记载是民间记忆所致。这些神化的用语表明李靖后人对其尊崇程度，虽然有过誉或吹捧之词，却不影响其作为宗族崇拜之由。这也是家谱的一贯做法，其目的就是"昭信纪实，重本笃亲，使后世子孙不敢忘所身也"③。从这个角度理解便一切可释。

不过，民众的建构总非历史，各个阶层都有属于本群体的话语，他们的建构方式反映了他们的历史观，反映了他们的需要。他们的资源有限，只能根据已有故事进行重新组合，根据自己的想象进行宗族史建构。

> 漫流河叫个御林坡，御林坡足足十七辈，这十七辈呀，在明朝的时候，那个时候，夸官嘞，阎王十只夸官（音）来到这个地方，我的家人出来了，家人出来了，大臣问他们说这是什么地方，我的家人告他说这是石象把门。石象把门是两边的土堆，是有俩石头，叫石象把门。那个大臣说你好大的口气，就不再往前走了，扭轿就往回走。返回以后就往北，举家反抄，皇上才两象，你们就有十像？实际是俩土堆，叫石象把门。走北回来居家反抄，人员跑散，跑到这个地方。神头有个卫公庙，卫公庙是我们的家庙，就是为李靖盖的庙。过去说里面有一棵松树，一进那个庙里面松树就冒着烟，打开后扇门望见北京城，那个烟树很有名。④

民众的传说与族谱的记载基本相似，大致可以确定李氏来到沟东村的

---

① 《李姓家谱》（内部资料），第6页。
② 同上书，第4页。
③ 同上。
④ 李××讲述，采访时间：2016年8月23日，采访地点：潞城市沟东村，申茜茜整理。

时间为明初，其时李氏宗族才将李卫公与李氏宗族联系起来。从现存碑刻资料亦可看出，金泰和二年，朝廷敕修灵泽王庙，其功能仍在使"忠义者于以奋志，缩朒者为之汗颜"，属于国家祭祀的范畴，主管、经理者仍为国家官员，"信武将军行县尉骑都尉金源县开国男食邑三伯户兼管勾常平仓事夹谷□、宣武将军行主簿骑都尉金源县开国男食邑三伯户兼管勾常平仓事完颜忠、昭勇大将军行县令上轻车都尉金源县开国男食邑七伯户兼管勾常平仓事完颜□玉"，庙宇修建完毕，"往持道士王可、门人路元祯暨乡民李茂等索文于仆，将纪其实。仆以才劣恳辞，牢请再四曰：是碑之作，亦岂徒然？"① 并无李氏宗族人员担当。因此，此时庙宇与李氏宗族并无关联。李卫公信仰与宗族发生关系，当在明代以后。明清时期，出现了修族谱的风气，有一定势力的宗族开始修建祠堂、撰修族谱，使宗族能够广泛流传，宗族史的建构成为宗族发展中的重要环节。

从民众的口述之中可以看到，沟东村李氏大概在明代迁来，现已成为民众记忆的起点。因此，对沟东村李氏宗族的研究，从明代起则相对合理。在民众的表述中，直接将李靖与本地域的关系联系起来。认为是唐太宗时，李靖主动要求封在此处。其中明确展现了民众在构建宗族史中的主观性。并将国家祭祀之庙宇当作家庙，这也是民众建构的重要起点。事实上，民众建构宗族故事当在明清时期。如果说，族谱记载的是在明初由于奸臣陷害才不得不来到此地，尚有可信之处，那么，李靖奉命勘察封地之事则纯属虚构，是民众为了使神灵"在地化"而想像出来的事实。这些事实，实难加以确证。但民众的情感确是不得不予以重视的。

二 宗族与民间信仰交互建构的意义

建构本身就是一种有意识的行为，带有明确的目的。不仅在专业的历史书写中存在，而且民众为一定的目的而蓄意创造的神话、传说、故事均

---

① （金）王陛臣：《重修灵泽王庙记》（照片），太和二年，现存潞城区神头村。光绪《潞城县志》卷三《金石记》。

属此种行为。这种行为与实证历史相悖，却有一定的意义。于民众而言，他们要有自己的表达，要有自己的史观。但是正统的历史观念、历史功能往往很难达到社会下层，尤其是难读、晦涩的专业语言，使民众无法获得自身需要，正统的、专业的历史与民众往往是割裂的。如何才能使民众共同享受历史乐趣，享受历史功能，在传统社会，是靠文人的演绎、地方社会力量的加工，靠乡村社会中有知识、有能力[①]之人。他们对文化的传承具有独到的作用，许多乡村叙述正是在其理解、叙述中建构起来的，诸如乡村历史、民间故事、人际关系、国家与社会的互动等。

宗族在其发展过程中，建构自己的历史是常态。对一般宗族而言，发家史均属后期追忆，当宗族发展到一定程度（一般指家业兴盛、仕途腾达、族群强大之时）才会有人出来撰修族谱，否则，宗族的发展无人顾及。平民宗族是社会中数量庞大的宗族，但由于缺乏转型的契机，因此，宗族并非完整意义上的宗族，但并不能说其不是宗族。或者说，其宗族是无记载（记忆）的宗族。官宦宗族与商业宗族是我们能够考查到的宗族，是因为其有记忆。

沟东村李氏宗族与李靖的关系，便是后期发展过程中的建构。当宗族发展到一定程度之时，必然要寻根溯源，抬出一个名人（有历史人物、传说人物、神话人物）来做祖先，就需要进行一番选择。李氏宗族利用李靖与当地社会的关系，将李靖作为其祖先，便是这一选择的结果。李卫公信仰在祭祀系统中属于正祀，得到了国家的支持，而李氏宗族将神头村李卫公祠当作家庙祭祀，与国家宣扬祭祀的主旨并不冲突，故而国家并未对其进行严格限制，而是采取了不管不顾之态度。李氏宗族在祭祀过程中，可以对李卫公祠进行维修、管理，在某种意义上省去了国家管理，可以实现双赢。尽管庙宇中的大部分碑刻均已佚失，但是从现存两通碑刻仍可看到李卫公祠与李氏宗族并无关系，至少可以说明，在李卫公祠的最初修建时与宗族无关。

---

① 有能力，指演绎的能力，虽然有些人没有知识，或知识较差，但是他能够演绎，能够叙述，能够创造。这些人在乡村社会中是不可忽视的，尤其是对乡村文化的传承方面，具有不可替代之意义。许多文人的演义便在此基础之上。

对于这样的疑问，明人已经予以重视，在万历《山西通志》中记载道："李卫公祠，在潞城东北三十里，祀唐卫公李靖。公占籍是县，故庙食焉。后历代进封至灵显王。国朝洪武三年，赐号唐卫公李景武之神，有司岁祀。按：《唐书》称卫公，雍州京兆人，而此言公占籍是县，不知公果系是县而后迁京兆欤？或者有事至此而邑人遂立祠以夸耀于后世也？"①如果第一问的答案为肯定，那么李靖之祖上占籍潞城要早得多，人们很难将此记忆数百年再行祭祀。第二问则有较大可能，"有事至此"就只能是带兵路过此地，后人立庙是对名人进行祭祀。而将李卫公信仰宗族化是宗族建设过程中的一种手段。

因此，民众在宗族建构过程中，并不理会是否是事实，他们会通过自己特有的方式予以确证，在李氏族谱的修缮中，一些宗族精英仍在不遗余力地建构，他们通过回忆的方式，对以前的祭祀进行记载，以此证明宗族与民间信仰的关系。

> 沟东村每年正月十三有一个庙会，村上要唱戏三天，非常热闹。正月十三那一天，村里锣鼓喧天，雇请的吹鼓手和村里各片组织的同乐会及高跷等一同到神头的卫公庙请神。此神身穿古代官服，端坐轿中，由四人抬着。前面有大锣大鼓，大棒大旗，沿途点燃三眼铁炮，后边是各种红火吹打弹唱，所过街道人山人海地观看，直至村庙院内安放。每日有村社头焚香叩拜，三天后此神仍送回神头卫公庙。看过家谱后我才明白，此神乃是李家的老祖宗李靖（家谱上的卫国公），一年一度的庙会是尊祭祖先的一种活动形式。
>
> 每年清明节，沟东村（包括现岭）的金铃李家，都要去老坟祭祖。我十岁左右就开始去，一直到日寇侵略华北后才终止。老坟地址在神头卫公庙下边神坡洼的地方，面积七亩二分大，地处三面环坡的洼地。因年久水土自然流动，形成稍倾斜的大片荒地，看不到有坟墓堆的痕迹，地中间只有两个石碑上边的大龙头。随后我去卫公庙看戏，发现庙前有两个二丈左右高的龙头大石碑，其龙头与祖坟所见相

---

① 万历《山西通志》卷十《祠祀》。

似。看了家谱之后找到了答案，坟与庙都是李氏祖先的历史遗迹。①

关于李氏后人祭祀祖先的说法，是近代之事，是历史事实，这些仪式在民众心中亦具有重要意义。按照马林诺夫斯基的说法，任何文化现象都具有功能，那么这些仪式在当下民众的述说中更具有现实的意义，他们要重构宗族，重构个人记忆，并在当下社会中担当一定的意义。其实，历史属于所有群体，历史不能属于国家专利。尽管这些建构并非真实事实，并非客观的评价，但也是历史的一种形式。

第四节 华北宗族与民间信仰：基于李卫公信仰之上的分析

李卫公信仰是宗族信仰与民间信仰结合的一个典型案例，也是对华北宗族研究的一个入口，由此可以探讨华北宗族构成要素的重要问题。自20世纪80年代以来，学界对于区域宗族问题开始了广泛关注与研究，除历史学外，人类学、社会学、政治学等多学科均参与到宗族问题的研究当中，也从宗族的要素、形态、功能与其他社会组织的关系等多角度进行了剖析，宗族问题的研究逐步向多学科、全方位、动态与静态结合的趋势发展。迄今为止，宗族研究逐步向北方地区扩展，但在空间分布上仍然呈现出南方多、北方少的态势，而对北方宗族的研究，大多也是以江南、华南宗族研究为标准，认为华北宗族由于"明显缺乏宗族的最主要集体表征——祠堂；没有强化宗族凝聚力的最重要经济手段——族田；缺少血缘与地缘重合的宗族基本特征——聚族而居的单姓村"，而断定"华北宗族仅仅具有宗族的某些特征，与典型的宗族形态相比这是一种不完备的残缺宗族"，并且"从完备的宗族要素角度来审视，华北宗族是一种残缺宗族"②。很显然，这其中的"典型的宗族形态"和"完备的宗族要素"是以南方宗族为基准来审视北方宗族的，所以，这样的论断是不够准确的。随着

---

① 《李姓家谱》（内部资料），第163页。
② 兰林友：《论华北宗族的典型特征》，《中央民族大学学报》2004年第1期。

区域宗族研究的不断深入与研究领域的拓展，我们更应该跳出江南、华南学派宗族研究的圈子去看待北方宗族的独特性，接纳北方宗族的不同形态。①

随着北方地区民间信仰与宗族研究的深入，逐渐发现华北地区宗族与民间信仰紧密联系，民间信仰渗透在宗族的各个方面，而宗族也对民间信仰具有很大的推动作用，在一定程度上，庙宇可以替代甚至超过祠堂的功能。所以，用一种全新的视野解读北方宗族与民间信仰的关系，探究南北宗族的差异，则显得尤为重要。

一 宗族对民间信仰的运用

（一）民间信仰对于宗族的作用

冯尔康指出："商品经济与宗族并非水火不容，而是相互协调"，"明清时期和近代商品经济的发展，反而刺激宗族活动"②。经济状况中等或偏下的宗族，在晋东南地区占大多数，笔者认为，在同等经济状况下，由于庙宇更为丰富的功能性，他们更愿意去修建庙宇而非祠堂。更有甚者，"合村一姓公议，将赵氏祖茔楸榆，伐卖若干钱，择于宣统二年七月间开工而补修之"③。用宗族的财力修建村社庙宇，在北方亦不罕见。

---

① 学界对于宗族问题的区域性研究向来以安徽、江西、江浙、广东等江南、华南地区为研究热点区域，虽然近年来的研究趋势有由南向北发展的趋势，但相较于南方来说，华北地区的宗族研究仍在初始阶段，不可避免地在研究当中会带有"华南范式"的影子。王洪兵在《清代华北宗族与乡村社会秩序的建构——以顺天府宝坻县为例》一文中仍然表示"在清代华北乡村社会，虽然缺乏结构形态完整的宗族组织，但是宗族活动普遍存在于社会生活的各个领域"。日本学者井上彻在《中国的宗族与国家礼制》中，也是以拥有族谱、祠堂、祖茔以及族田等宗族外化要素为基准来研究整个中国宗族。从某种程度上讲，以这样的基准来作为整个中国宗族的研究，将中国宗族的区域化差异模糊化，必然会使宗族研究的形态单一化、片面化。而造成学界对于华北宗族是残缺性宗族这一论断的原因有很多种，如刘金梅在《华北地区缺乏宗族之刻板印象与文献的关系》一文中所说："长期以来，中外学术界认为，华北地区缺乏宗族现象通过文献学的统计和分析证明：这一刻板印象是区域性宗族文献塑造的结果。"当然，这只是原因之一，由于这并不是本书主要论述的主要内容，故不赘述。

② 冯尔康：《十八世纪以来中国家族的现代转向》，《天津师范大学学报》（社会科学版）2002年第1期。

③ （民国）韩锦州：《补修关帝庙碑文序》（照片），洪宪元年，现存高平市小会沟村关帝庙。

庙宇承担的功能也不纯粹属于单一宗族，更多的外姓人员、其他宗族、商铺等来共同分担修建庙宇所用的人力物力。乾隆四十年，高平郝氏宗族便组织阖族成员及众商号共同维修了观音庙。① 这样一来，不仅是宗族内部成员之间、宗族与宗族之间、宗族与其他少数姓氏之间，也会形成合作关系，对于组织修建的宗族而言，会拥有更广泛的社会资源与人脉关系，从而扩大其在当地的影响力，使宗族内成员更依附于宗族组织，以达到凝聚人心、敬宗收族之效。

宗族制，缘于礼，重血缘，建立在固有的民族文化土壤之上，与一定的生产力发展水平相适应。② 所以说，血缘关系是宗族形成的前提，血缘关系越弱，宗族凝聚力越弱；反之，血缘关系越强，宗族凝聚力也就越强。然而宗族内血缘关系随着时间的推移，世系越来越庞大，血缘关系也随之减弱，想要维持宗族内部的凝聚力，传承孝道则是一个极佳的手段。通过追溯始祖，重修祠堂、祖茔等外在形式，使宗族内部成员"世世子孙难忘其祖"③。首先在情感上达成一致，使其具有共同的价值取向、利益追求，以此来达到凝聚族人、敬宗收族的目的。但相较于庙宇，修建祠堂、家庙的功能性明显更弱，难以吸引更广泛的人群来参与修建，阳城杨氏有碑记载"有名臣十二世裔孙瑞聪言曰：'为人孙子，先人之遗迹不能世守而表章之，何以光前而裕后？倘以钱文之故而束手待毙，自听湮没将所谓继志述事者安在哉？'大社之功，费出千金，诸社长退缩不前，余一人始终不竭其操"④。这样来看，在晋东南地区，民间信仰对于宗族而言，其产生的作用更甚于祖先信仰。

（二）宗族对庙宇的维护和管理

宗族组织要借助于民间信仰来教化族人，提高宗族内部凝聚力，加强在本地区的权力及地位，就必须借助一定的物质载体作为依托，这也使得在晋

---

① 《禁碑记》（照片），乾隆四十年，现存高平市郝家庄村观音庙。
② 田成有：《中国农村宗族问题与现代法在农村的命运》，《法律科学》1996年第2期。
③ （金）李载扬：《邢氏宗族墓表》，承安二年，高平金石志编纂委员会：《高平金石志》，中华书局2004年版，第417页。
④ 《修影像桩牌匾油画殿宇碑记》（拓片），同治二年，现存阳城县匠礼村。

东南地区众多庙宇的创建、维护与管理当中，宗族起到了不可忽视的作用。

有些宗族仅仅依据本宗族一族的力量修建庙宇，不借助村中或者外村其他姓氏的帮助。如高平县石村东里五甲姬姓宗族"姬仁路，长子姬世琴、妻秦氏、子国台，自备工力，凿三教洞一区，塑像其中"①。高平县王姓宗族"施主王云龙、妻李氏、弟王云凤、妻程氏，男王之鼎、王之钰、王之□，故父王添禄，见堂母秦氏"修关王庙②。还有故关村申姓宗族重修炎帝行宫、襄垣张姓宗族重修观音堂等，都是合一家或一族之姓完成修庙之举，在财力物力允许之下将修庙之事作为了自己家族内部事务来做。

也有许多宗族与其他宗族、村中民众、商铺、社会机构等相互合作来修建、维护庙宇。高平七话村重修二仙庙，由善士袁世刚"动资设席，请会本社，并主持道士张守增督工"，但庙宇南间、正间由靳姓宗族出资，北间由申姓宗族出资，庙宇所建大部分资金都由这两大宗族承担。③高平县南庄村关帝庙由本村社首李智、李朝京等"领村众人等善男信女，喜舍资财修建"，其中李姓占多数，而且本村社首也几乎全部由李姓担任，李姓家族在关帝庙重修中所起作用十分巨大。④并且在各个宗族合作的过程中，宗族之间达成了良好的合作关系，在一些庙宇的修缮之后，又多次合作组织活动。而且本身修建庙宇的合作，也多是基于宗族与宗族之间一些固有的联系，如地理位置、联姻关系。高平北诗镇南村六庄维修二仙庙，六庄地理位置十分相近，此前在修建二仙庙中南村、中村、南坑等村就有合作。襄垣县太平村明万历四十六年重修灵泽王庙时，有本村邢、王、李三姓合作。王、邢两家存在联姻关系，且在重修中人数所占比例更大。所以民间信仰对于宗族而言，是凝聚宗族内部、扩展宗族外部联系与增强区域社会控制力的有效途径。

---

① （明）赵国基：《创凿三教洞记》，万历三十二年，《三晋石刻大全·晋城市高平市卷（上）》，三晋出版社2011年版，第184页。

② 《修关王庙记》，万历三十七年，《三晋石刻大全·晋城市高平市卷（上）》，三晋出版社2011年版，第191页。

③ 《重修二仙庙记》，万历二十九年，《三晋石刻大全·晋城市高平市卷（上）》，三晋出版社2011年版，第173页。

④ 《补修关帝庙正殿记》，隆庆六年，《三晋石刻大全·晋城市高平市卷（上）》，三晋出版社2011年版，第137页。

在庙宇的维护当中，宗族起到的作用更是不可忽略，在庙宇的维护之中体现了宗族的传承性。以高平县铁炉村清梦观为例，"石言洞明子姬志玄，捐祖宗故居，奉□创观。上有玉皇殿，中有三清殿……岁久，中殿倾颓，本里姬汤重修之……玉皇殿基址残败，柱朽壁岩，岌岌乎其坏堕焉，汤之子尚弟慨然补葺……夫观之崛起也，以姬观之增修也"①。更有宗族感念先祖遗德，将先祖所建庙宇的重建与修缮作为本族子弟的责任，使得该庙宇与本宗族联系更为密切。

对于庙宇的管理，有划分区域，一姓或多姓明确分工，行使管理职责；也有招收僧人于庙宇进行管理，所需费用，大多由宗族或村民捐赠，或为庙宇置地进行供养。如襄垣县古韩镇甘村，就曾为灵显王置地护庙，连姓宗族和李姓宗族都参与捐资，占参与者大多数。

总体而言，在庙宇的创建、维护和管理之中，不论是一族管理，还是多方面合作，宗族都以其无法忽略的财力、人力及各方面显性或隐性的影响，为民间信仰生长的载体——庙宇的建造与流传提供了较为良好的生存环境。而宗族对庙宇建设的积极参与，也进一步表明了宗族对争夺信仰资源的重视，以期通过此种方式来提高宗族的地位与影响力，二者相互促进，显示出晋东南地区民间信仰对于民众的重要性。

二 宗族建构与民间信仰的关系

（一）民间信仰与宗族的结合

灵泽王本是唐代名将李靖，南平吴，北破突厥，西定吐谷浑，立下赫赫战功。由于唐时"带兵来潞州打过战，此人很得民意，在黄碾南三垂岗屡战得胜。它能腾云降雨，曾在起云台、蟠龙山、三池里（黄池一带）降过雨。化而不测谓之灵，死而不朽之为显"②。出于同姓的考虑，沟东村中的李氏宗族在建构宗族过程中便将灵泽王作为本族的始祖。因此，在其家

---

① （明）姬文明：《清梦观重修玉皇殿记》，万历四十年，《三晋石刻大全·晋城市高平市卷（上）》，三晋出版社 2011 年版，第 198 页。

② 宋爱民、宋彦升等：《大铎村志》，内部资料，2004 年，第 83 页。

谱中记载了一年一度的祭祖庙会。

潞城李氏宗族究竟是否李靖的后代以及李氏宗族是何时将李卫公信仰与本宗族结合起来的我们已无从考证，但由上我们可以看出，潞城李氏宗族与灵泽王信仰的结合，与国家层面出于政治考虑的引导有很大关系。一方面，在国家认可的情况下，将宗族与灵泽王信仰结合，既名正言顺，又在一定程度上可以与"国祭"挂钩，使单纯的祖先信仰升华，这样一来，不仅增强了宗族内部的向心力，而且在区域社会普遍信仰灵泽王的情况下，将民间信仰的主人公作为宗族的祖先来祭祀，在一定程度上会使宗族在区域社会的权威得到民众认可，以达到宗族建构的目的。襄垣县灵泽王庙有碑记载："神者，民之庇也；民者，神之依也"①，反映了神与民相互依赖的一种互利关系，民间信仰促进宗族的建构，而宗族的发展也同样推动民间信仰规模的扩大化。另一方面，在传统社会对门第极为看重，唐朝开国之初，高祖李渊就为了抬高门第、神化统治，认老子为先祖。由此，宗族将祖先神化或者说是将神仙祖先化的目的显而易见。于宗族而言，通过此种方式提高门第、声望，使宗族能够在教育后代、增进地方权威等方面占有优势，从而达到宗族建构的目的。

要组成一个宗族，需要一个能被正统的文化传统所认同的历史，这是一个社会成员具有某种社会身份和社会权利的证明和价值来源。② 对李氏宗族而言，李卫公信仰早于宗族信仰，因此，一种合理的解释应该是：在潞城早有李卫公信仰，并且成为国家信仰，是合法信仰，即传统所说的"正祀"，而李氏在明代迁来以后，利用当地已有的民间信仰，不断建构自己的宗族，抬高宗族在本地的影响，最终成为我们现在看到的族谱与墓地。

（二）依托民间信仰的现代宗族重构

20世纪80年代改革开放以来，解放思想成为思想发展的主要趋势，这一趋势为现代宗族的重构创造了条件。近四十年来，全国各地都有寻根问

---

① （清）赵默：《施地护庙碑记》，乾隆二十二年，《三晋石刻大全·长治市襄垣县卷》，三晋出版社2015年版，第228页。

② 乔素玲、黄国信：《中国宗族研究：从社会人类学到社会历史学的转向》，《社会学研究》2009年第4期。

祖、联宗修谱、修建宗祠、举办宗亲会等宗族复兴活动。冯尔康对宗族的复兴提出了两条标准：一个是修了谱或者是否有谱，另一个为是否维修或重建了祠堂。① 符合这样标准的复兴在南方地区出现更早，也更为常见，而北方地区最近几年来也有逐步增多的态势。以晋东南地区为例，襄垣大黄庄苗氏、潞城宋村苗氏和潞城河湃村苗氏本为一宗，均为宋村苗光义的后代，目前他们三个支系都在分别编修本支的家谱，并在各支家谱修成之后打算联宗合谱，现在在大黄庄建有苗氏宗祠（图3-12）。另外，还有襄垣县南丰沟连氏、冯家沟史氏、郝村栗氏、沁水柳氏等均存有或正在修家谱或宗祠。

图3-12　襄垣县大黄村苗氏宗祠

笔者在田野调查时了解到冯家沟史氏宗族正在襄垣县松角村修建祠堂，从他们的言语中可以看到他们对祠堂的认识：

问：我们现在暂时是做关于咱们长治宗族的一个课题。

答：（另一人：这个家族这个第一个就是爱国，然后就是爱民）历史上的这些祠堂来说，他都是传递正能量。家风传家、教育子女不要违法，方方面面的。反正是有违反乱纪的这些他都有祠堂的规定不能进祠堂，家族家规都有。

问：现在是在这修祠堂是吧？

---

① 冯尔康：《十八世纪以来中国家族的现代转向》，《天津师范大学学报》（社会科学版）2002年第1期。

答：他是一个多功能的，不单纯是我们史氏家族的，也是一个佛教庙宇，再一个就是展示我们史氏家族的历史名人，（另一人：为国家为人民奉献的作用）还有个戏台，这个戏台主要就是大队的一个文化活动的地方。这两个地方有乒乓球[台]啊，就是各种的运动器材都在里面展示。西展厅就是你不管是哪一个姓，他是百家姓一百二十多个姓吧，每一个姓的来历，历代宗亲他是怎么走过来的。一带一路那个时候，怎么你是从哪个地方走过来的，都有记载，一来一目了然，都能看到，都展示有。西边那个展厅总长度是 16 米，宽度是 6 米，就都放下。老百姓只知道他姓张姓赵，但是他不知道他的来历，你问十个有十个不知道。这一次通过展厅他就知道了。①

由上可以看出，在史氏宗族现代重构的过程中，仍然依托于民间信仰，祠堂也并不仅为本宗族服务。从采访过程中，其多次提到"爱国""爱民""正能量""政府允许"，甚至还提到了"一带一路"的字眼，很容易让人觉得这已不像是宗族重构，而是政府在修建基层民众文化设施。同样在宗族重构的过程中，襄垣连氏宗族的祠堂也是依庙宇而建，目前祠堂正殿两侧的偏殿仍是神庙。北方宗族这类情形的出现，其原因不禁使笔者思考，除受当下政治环境熏陶的因素之外，是否还有其深层的内涵。

"自 1949 年以来，中国政府从来没有明确承认过宗族作为一个社会组织的合法地位，同时也没有对这种千年来绵亘不绝的社会组织设立专业的管理机构。相反，在 1949 年以后的相当长一段时间内，中国政府将宗族视为'封建反动势力'加以严厉压制。"② 华北地区作为新中国成立后国家政策的首先试点区，从时间、空间乃至影响上都比南方地区要更长、更广、更深。所以说，在"20 世纪 80 年代后，随着社会风气的逐渐宽容，以及各地兴起发展文化旅游产业的潮流，宗族事务的复兴得到了不少地方政府默许乃至支持。不过，秉承着几十年来的被压抑、被批判的记忆，宗族在'复兴'的过程中往往谨慎地避免触及政府的权威"③。

---

① 史××讲述，采访时间：2017 年 4 月 18 日；采访地点：襄垣县松角村；申茜茜整理。
② 陈兴贵：《当代中国农村汉族宗族复兴原因探析——以重庆永川松溉罗氏宗族为例》，《天府新论》2016 年第 2 期。
③ 同上。

现代宗族的重构已不是传统意义上的封建宗族，而民众在意识上还未完全转变过来。如连氏祠堂门口新立的族训已带有强烈的现代色彩："忠于祖国，不得损国伤民；遵法守纪，不得触犯刑律。"① 由于在国家复兴优秀传统文化的导向作用下，宗族与民间信仰结合的现代化重构使政府看到了宗族活动的潜在价值，并且宗族能够以自身或者社会的力量来完成重构，所以在重构的过程中祠堂所体现的极其丰富的功能性是地方政府喜闻乐见的，地方政府也在以灵活的方式对宗族事务的复兴进行承认、引导乃至支持。

三 华北宗族自身的特点

华北宗族是残缺性宗族的论断，其缘由大致是北方宗族缺少祠堂、祭田以及族谱、祖茔、祭祀物品、礼仪设置简单等这些外化的象征物。但经过笔者搜集晋东南地区的碑刻资料以及田野调查，从文化要素的角度来看，前者的这些外化的象征物所具有的功能，北方宗族有可以替代其功能的其他表现方式，即宗族与民间信仰的结合。平顺县大铎村卫公神庙有碑记载："急继未成之功，殿中塑大像三尊，后设奉风伯雨师神位，以壮威灵，以培风脉，而获告竣焉。"② 由上可以充分体现出祠堂与庙宇功能上的同质性。并且，华北地区发现的祠堂数量稀少，而且大多不像南方祠堂一样是传统意义上的单一祠堂，多是与民间信仰相关联的多重功能祠堂，甚至没有祠堂只有庙宇。宗族主持、参与修建庙宇的活动屡见不鲜，并且成为一种常态。更为重要的是，宗族将庙宇当作本族的祠堂，平时予以管理、修缮，使庙宇承担起祠堂的功能。例如，潞城区东天贡申氏宗族将佛堂当作自己的家庙，潞城区贾村崔氏将崔府君庙当作本族的家庙，平顺县东庄村更显奇特。东庄村有岳、赵、王三家大姓，各宗族居住相对集中，两条笔直的街道将东庄村一分为三，在街道的尽头，分别供奉有五道庙、观音堂、河神庙，分别属于三家管理。③（图3-13）

---

① 襄垣县南丰沟村连氏宗祠。
② （清）王良卿：《创修碑记》（照片），嘉庆七年，现存北社乡大铎村关帝庙；《三晋石刻大全·长治市平顺县卷》，三晋出版社2013年版，第179页。
③ 岳丙寅讲述，采访时间：2017年3月6日，采访地点：平顺县东庄村，曾微淋整理。

图 3-13　平顺县东庄村远景

事实上，无论南方还是北方宗族，都重视敬宗收族与宗族的凝聚力，都注重宗族在区域社会中的影响，但是鉴于长期的历史文化影响不同，二者表现出不同的思想倾向。对北方宗族而言，民间信仰已深深渗透于宗族之中，其意义自不可小觑。因此，并不能戴着有色眼镜分析北方宗族的不完整性。北方宗族目前呈现出来的特色，可以从以下方面予以分析：

首先，华北地区自古位于政治、军事要地，在频繁的战乱中首当其冲，毁坏程度更高，或"谱牒失传，未能纪远"①或"宅第毁于前，宗祠毁于后"②。并在新中国建立以来，华北一直作为各项国家政策的试点区域，其政治辐射的影响力以及对传统宗族的破坏程度均较南方要更深远长久。

其次，北方地区战乱频仍，历史上数次少数民族入侵，大宗族或有能力举家东迁南移，或因外族入侵而致分散。高平邢氏墓表载："左□□□侵之，致使子孙分散，奔于潞州长子县，卜宅兆于瓦子岭前。又迁于襄垣县九龙西南山掌居焉。"③同样，高平卫氏祠堂也有碑载："其后支派分流，

---

① （清）张力卓：《连飞骑墓碑》，时间不详，《三晋石刻大全·长治市襄垣县卷》，三晋出版社 2015 年版，第 777 页。
② （民国）祁耀曾：《重得祁杲传刻石记》，民国十八年，高平金石志编纂委员会：《高平金石志》，中华书局 2004 年版，第 397 页。
③ （金）李载扬：《邢氏宗族墓表》，承安二年，高平金石志编纂委员会：《高平金石志》，中华书局 2004 年版，第 417 页。

有倚太行而处焉"①，虽不能肯定华北宗族支派分流的频次一定要比南方地区多，但可以肯定的是，像这样的因素我们不能忽视。

最后，由于明清以后文化、经济重心南移的完成，使北方地区在经济层面单姓修祠能力弱，而传统祠堂在功能上的单一性也使宗族难以向外姓筹资。在文化层面上，我们可以看到修谱、建祠的组织工作，通常都是有意识、有文化能力的人来负责，由于北方地区在文化重心南移后，在这一方面一直落后于南方。而民间信仰更丰富的功能性与更广泛的受众性则可以吸引更广泛的人群来关注，大宗族以其自身的人数、势力、威望等优势在民间信仰上的参与必定会使其受益。

综上所述，从文化要素的层面来看，庙宇在功能上可以代替祠堂，甚至高于祠堂给宗族所带来的作用。并且，华北宗族与民间信仰的结合，在一定程度上是不得已而为之的，如襄垣栗氏家庙有碑载："吾襄栗姓，为一邑巨族，簪缨代有，奈家庙未建，不无遗憾。"② 这体现出他们是有建祠意识的，并不能简单地从外化的物质层面去论断华北宗族为残缺性宗族，只是华北宗族与南方宗族的外化表现形式不同而已，以华南宗族为标准来讨论华北宗族的完整性是有偏见的。所以，必须抛开以南方宗族形态的基准来看待华北宗族的桎梏，以民间信仰为主，能合一族之力去组织活动，呈多元化形态的具有强烈的宗族认同感和归属感，即是华北宗族所呈现出来的最大特点。正是因为华北宗族呈现要素的多元化，所以我们希望通过对华北地区宗族史研究的逐步深入，立足于北方社会提出本土化宗族的概念，从而进一步推动学界对中国宗族问题有整体性的认识和理解。

表3-1　　　　　　　　　　山西省李卫公信仰分布

属县	地址	概况	资料来源
榆社县（2）		未遇时，尝游太原，假道榆社，数日去	光绪《榆社县志》
	郝北镇台曲村	灵显庙，在县南二十里台曲村，其神即李靖也	光绪《榆社县志》卷八《祠祀》
		灵显庙，名二郎庙，在申明亭间壁。道光中年，职员张又华、曹君礼等经理重建	

---

① （清）卫樾达：《卫氏祠堂记》，乾隆二十四年，高平金石志编纂委员会：《高平金石志》，中华书局2004年版，第470—471页。

② （清）崔钟瑭：《栗氏家庙记》，乾隆十七年，《三晋石刻大全·长治市襄垣县卷》，三晋出版社2015年版，第222—223页。

续表

属县	地址	概况	资料来源
沁县（1）	松村乡硖石村	李卫公庙，在峡石村①，乾隆三十八年重修	光绪《沁州府志》续卷一《祠祀》
襄垣县（7）	县城	在县治东南。乾隆二十四年重修。正殿三间，香亭五间，乐楼一座，廊房六间，东官亭三间，东廊房十间，西廊房十九间，大门一座，寝宫三间，太乙真人殿三间，圣母殿三间，禅房四间	乾隆《襄垣县志》卷二《建置·坛壝》
	下良镇回辕村	李卫公庙在县西北回辕店。唐初，公镇守朔方，土人思德	乾隆《襄垣县志》卷四《古迹志·寺观》
	古韩镇北里信村	李卫公庙，一在县东三里北里信村，修于明洪武年间，奉祀唐卫公李靖	
		又称灵泽王庙。据碑文记载，建于元至元年间（1279—1294），明洪武七年（1374）、清顺治十六年（1659）、乾隆二年（1737）及民国十二年（1923）均有修葺。占地面积720平方米。坐南朝北，一进院落布局，中轴线依次建有山门、戏台、正殿，两侧为东西厢房。现存建筑中正殿为明代原构，余皆清代建筑。正殿石砌台基，面宽三间，进深四椽，单檐前歇山后硬山顶。五檩前廊式构架，柱头斗栱三踩单昂。装修已毁	民国《襄垣县志》
	古韩镇甘村	李卫公庙，一在县南十里甘村，有唐天佑间经幢尚存	民国《襄垣县志》卷六《营建考·庙宇》
		明万历三十九年（1611）重修。占地面积1636平方米。坐北朝南，一进院落布局，中轴线现存山门、献殿、大殿，左右钟楼、鼓楼、配殿。大殿为明代建筑，砖砌台基，高1.3米，面宽三间，进深六椽，单檐悬山顶。七檩梁架，柱头斗栱七踩单翘双昂，平身科每间一攒，门窗已改为现代形式。殿内存清代壁画28.4平方米。庙内保存有唐代经幢1座	

---

① 即硖石村，据乾隆《沁州志》卷一《形胜·村镇》考。

续表

属县	地址	概况	资料来源
襄垣县（7）	王村镇店上村	据舞台题记，清道光十五年（1835）重修。占地面积720平方米。坐北朝南，一进院落布局，中轴线有山门（上建戏台）、大殿，两侧有角殿、配殿、东楼、耳楼。大殿面宽五间，进深三间，单檐硬山顶，柱头斗栱三踩单昂	山西文物地图电子版
		庙名灵山庙，又名李卫公庙，坐北朝南，一进院落布局，南北长30米，东西宽26米，占地780平方米。创建年代不详	《王村密码》（内部资料）第67页
	夏店镇付北村	创建年代不详。现存主体结构为明清建筑。庙宇坐北朝南，一进院布局，中轴线上仅存正殿一座。占地面积约360平方米	实地调查
	富阳园区太平村	创建年代不详。占地面积884平方米。坐北朝南，一进院落布局，中轴线建有山门（上为清代重建的倒座戏台）、大殿，两侧为东西廊房各5间，东西耳殿各3间。现存大殿为金代遗构，余皆为清代重建	山西文物地图电子版；实地调查
屯留区（1）		李卫公祠。奔告江东亦是忠，翻从朔运压群雄。名流竞许真王佐，谊士终成不世功。兵法至今宗七子，明禋何日启三崚。太原咫尺兴龙地，怪得君臣庙貌同	光绪《屯留县志》卷八《艺文》
黎城县（4）	城内西街	灵泽王庙，在县治西南，土人名西庙	雍正《山西通志》卷一百六十五《祠庙二》
		灵泽龙王庙，在西街（咸丰三年为粤逆所焚，碑记无考；同治九年知县陈仲贵修，内有遗爱碑存焉）	光绪《黎城县志续志》卷一《政事志·祠祀》
	岚山石麓	刘士麟，王曲里人，诸生，精于堪舆。同治六年七月，大旱，吏民偏祈无应，士麟请于官，言岚山石麓有灵基，祷之，三日内必验，官从之。及期，果得雨，后即其地建灵泽王祠	光绪《黎城县志续志》卷二《人物志·方技》
	耽车里	李卫公庙，在耽车里	光绪《黎城县志续志》卷一《政事志·祠祀》
	京家庄		雍正《山西通志》卷一百六十五《祠庙二》

续表

属县	地址	概况	资料来源
潞城区（2）	微子镇神头村	在潞城东北大哥大十里，祀唐卫公李靖，公占籍是县，故庙食焉。后历代进封至灵显王。国朝洪武三年，赐号唐卫公李景武之神，有司岁祀	万历《山西通志》卷十《祠祀》；实地调查
	成家川办事处神泉村	创建年代不详，现存主体结构为明清建筑，坐北朝南，为一进院落布局。中轴线上建有山门（倒座戏台）、正殿，两侧为东西妆楼、东西厢房、东西耳殿。占地面积900平方米，建筑面积400平方米	《长治市早期木结构建筑调查》；《潞水汲古》
平顺县（5）	石城镇豆口村水峪庵	乾隆五十年《创立灵泽王庙碑记》（疑在老申峧村） 碑言"开工于乾隆十年，竣工于乾隆十二年"，但立碑却在乾隆五十年，三十八年之后才立碑，似乎难以置信	《三晋石刻大全·长治市平顺县卷》
	石城镇老申峧村	光绪十四年《重修灵泽王殿宇碑志》	《三晋石刻大全·长治市平顺县卷》
		创建年代不详。占地面积540平方米。坐北朝南，中轴线存戏楼、正殿，两侧有夹殿、廊庑、看楼。正殿面宽三间，进深二间，单檐硬山顶，柱头斗栱七踩单翘双下昂	《中国文物地图集·山西分册》；实地调查
	北社乡大铎村	创建年代不详。占地东西约五丈，南北约一丈五尺，坐北朝南，中轴线上有戏楼、正殿，两侧有左右角殿、厢房、钟楼、鼓楼。存碑2通（嘉庆年间）	《大铎村志》；实地调查
	石城镇东庄村		实地调查
	北社镇西社村	据碑文记载，清道光二十年（1840）维修。占地面积974平方米。坐北朝南，一进院落布局，中轴线建山门（上为倒座戏台）、献殿、大殿，两侧建筑已不存。大殿主体结构为元代建筑，石砌台基，高0.65米，面阔三间，进深六椽，单檐硬山顶（后人改造）。梁架六架椽屋四椽栿对前乳栿通檐用三柱，前一间辟廊，柱头斗栱五铺作单抄单昂，补间每间一朵。门窗已不存。殿内山墙、后檐墙、栱眼壁内存清代风俗神壁画40平方米。庙内存清代重修碑2通	实地调查

续表

属县	地址	概况	资料来源
壶关县（6）	县城	李卫公庙在县北关厢，元至元十六年（1279）建	道光《壶关县志》卷三《建置志·名宦祠》
	县城北	壶关灵泽王庙在县治之北一里，祀唐之李卫公靖。武德中，突厥寇太原……由潞城驻兵于微子岭，秋毫无犯，民感其惠，立庙祀之	光绪《壶关县续志》卷上《艺文志》
	店上镇南山后村	创建年代不详，现存主体结构为明清建筑，坐北朝南，为一进院落布局。中轴线上建有倒座戏台、正殿，两侧为东西厢房、东西耳殿。占地面积300平方米，建筑面积200平方米。庙内存有大清乾隆四十二年记事碑一通。南山后村广德灵泽王庙，古庙也	《长治市早期木结构建筑调查》；实地调查
	常平经济开发区李掌村	始建年代不详，现已知元朝存在。整个建筑坐西北朝东南（向西偏27度），庙内建筑共5座。平面布局长方形一进院落，东西长31米，南北宽41米，占地面积约为1271米。现存碑三通，碣两块，平面布局采用中轴线左右对称的格局，由南向北中轴线上有献殿、大殿，两侧为东西厢房、东西耳房。庙宇位于村中央大街旁。戏台在上个世纪被拆毁，只剩基址	实地调查
	龙泉镇紫岩掌村	据碑文记载，清嘉庆二十五年（1820）重修。占地面积约1100余平方米。坐北朝南，一进院落布局，中轴线仅存正殿，两侧为耳殿、配殿。正殿面阔五间，进深三间，单檐悬山顶，柱头斗栱五踩双昂。庙内存有清代重修碑2通	实地调查
	五龙山乡山后河村	据碑文记载，清嘉庆二十五年（1820）重修。占地面积约700平方米。坐北朝南，一进院落布局，现存正殿、耳殿、廊房，正殿主体结构为明代风格，余皆清代建筑。正殿面宽五间，进深二间，单檐悬山顶，柱头斗栱五踩单翘单昂。殿内存清代壁画20平方米，清代维修碑1通	实地调查
潞州区（1）	老顶山镇西长井村	一进院落布局，现存建筑坐北朝南，占地面积837平方米，中轴线上现存山门、仪门、抱厦、正殿，两侧存东西耳殿、东西厢房。庙内现存清代重修碑碣3通。现存正殿为金代遗构，石砌台基，面阔三间，进深四椽，悬山顶，筒板瓦屋面，琉璃脊饰。正殿前建有抱厦，面宽三间，进深四椽，单檐歇山顶，琉璃筒板瓦屋面，琉璃脊饰。四周石质方形檐柱，内悬有"乃文乃武"木匾1方。余皆为清代建筑	实地调查

续表

属县	地址	概况	资料来源
上党区（1）	县城	李卫公祠在城东关。明叶盛时，会于南广拜灵祠，青潞于今复见之。血食固宜，永垂永世，勋名何止	光绪《长治县志》卷三《祠祀志》
泽州县（6）	南村镇杨洼村	创建年代不详。占地面积950平方米。坐北朝南，一进院落布局，中轴线建有山门（兼舞楼）、正殿，两侧为耳殿、厢房、看楼和妆楼。正殿面宽三间，进深五椽，单檐悬山顶，柱头斗栱三踩单昂	实地调查
	南村镇西峪村	创建年代不详，据碑文记载，明崇祯、清康熙、乾隆年间均有重修。占地面积约700平方米。坐北朝南，二进院落布局，中轴线建有山门、舞楼、献厅和正殿，两侧为耳殿、厢房、妆楼。现存正殿为明代建筑，余皆清代建筑。正殿面宽三间，进深六椽，单檐悬山顶，柱头斗栱三踩单昂	实地调查
	南村镇北社村	据碑文记载，创建于清康熙二十八年（1689）。占地面积1050平方米。坐北朝南，一进院落布局，中轴线建有山门（兼舞楼）、正殿，两侧为耳房、厢房、妆楼，东边建一跨院。正殿面宽三间，进深六椽，单檐硬山顶。东跨院内正殿面宽三间，进深四椽，单檐硬山顶	实地调查
	南村镇浪井村	创建时间不详。康熙十九年（1680）重修，四十五年（1706）金妆李卫公圣像。占地面积1015平方米，一进院落布局，中轴线上有山门、正殿，两侧为耳房、厢房。正殿面阔三间，进深六椽，单檐硬山顶	《泽州碑刻大全》第4册，第78页；实地调查
	大箕镇江匠村	据庙内碑文记载，创建于明天顺七年（1463）。占地面积280平方米。坐北朝南，一进院落布局，中轴线上有山门、正殿，两侧为耳房、厢房。正殿面阔三间，进深六椽，单檐硬山顶	《泽州碑刻大全》第1册，第660页；实地调查
	晋普山	也称晋普寺，供奉李卫公。创建时间不详。占地面积约500平方米。坐北朝南，一进院落布局，中轴线上有山门、正殿，两侧为耳房、侧殿。正殿面阔三间，单檐歇山顶	实地调查
临汾县（1）	李卫公靖庙	在府东关外	康熙《平阳府志》卷十《祠祀》

续表

属县	地址	概况	资料来源
灵石县（1）	英雄相遇处	在小水头村英雄相遇处。后人立祠，西岳庙内，又临汾、蒲州等处皆有	康熙《平阳府志》卷十《祠祀》
		小水镇，李靖、虬髯公相遇处，有祠	康熙《平阳府志》卷三十一《古迹》
繁峙县（2）		李卫公祠二，一在大李牛村，一在小李牛村，俗呼为大王庙。明崇祯五年有神箕自言寿星停箕于庙。三年常为人言祸福，无不响应，所留诗对甚多。其神始言李靖祠。卫国李公佐命唐室，勋德第一，传称公京兆人，谥景武，在潞者曰灵显王庙	道光《繁峙县志》卷二《坛庙门·坛庙》
广灵县（1）	班村	李卫公祠，在县北三十里班村，唐李靖从太宗北征，率军过此，号令严肃，秋毫无犯，遗德历久不忘。明万历九年，民为立祠。雁门镇抚丁某施地	乾隆《广灵县志》卷四《坛庙》
灵石县（1）	小水镇	李卫公祠。在小水镇西岳庙内	嘉庆《灵石县志》卷五《典礼·祠庙》
太谷县（1）		李靖庙，在东里	乾隆《太谷县志》卷二《坛庙》
崞县（1）		李卫公祠，在北三十里	雍正《山西通志》卷一百六十五《祠庙二》

第四章　泛众化：民间信仰的生成路径

　　民间信仰的泛众化是指民众对神灵的认知度与认可度，是神灵从起源到传播的过程。但是，泛众化并不完全等同于传播扩散，它既有空间上的扩展，又有时间上的传承，同时更重要的是在民众心中的积淀。从灵湫信仰、昭泽王信仰、李卫公信仰以及浊漳河流域的其他民间信仰发展路径来看，考察民间信仰的泛众化必须从三个方面着手：碑刻与庙宇、传说故事、仪式，其中碑刻与庙宇是民间信仰泛众化的物质载体，庙宇的存在为民间信仰的持久传播提供了一个基本条件，碑刻则记载了民间信仰在时间、空间的变迁；传说故事是泛众化的基本内涵，通过传说故事，使民间信仰更加接近民众，接近社会，赋予神灵以鲜活的形象；仪式是民间信仰泛众化的助推和保障，仪式的复杂化程度以及民众重视程度推动了民间信仰的泛众化，若缺乏仪式，民间信仰就可能随之淡化，最终使其退出民众的视线与记忆。这三种因素是任何民间信仰研究的基本要素，是不同民间信仰对话的平台。若以人的肌体作喻，用更形象的表达就是：庙宇、碑刻是骨架，支撑起民间信仰的基本框架；传说故事是肌肉，使民间信仰更加丰满、生动；仪式是血液，保障民间信仰在泛众化过程中充满活力。

第一节　庙宇、碑刻对民间信仰的记忆

　　庙宇、碑刻是民间信仰重要的物质表现形态。要考察一类民间信仰的受众度，最直接的办法就是调查相关的庙宇，庙宇的历史变迁、数量、规制、构件等均显示了该信仰在民众中的受众程度。保存下来的碑刻，直接记录了庙宇的兴建过程以及该信仰在历史上的演变、与地域社会的联系、信众群体的构成等等，成为考量民间信仰的基础。不仅如此，碑刻还是庙

宇的"眼睛",使得民间信仰在区域社会中更加亮丽,成为研究者体悟民间信仰的重要象征物。

一 庙宇:民间信仰的重要指针

无论是信仰者还是研究者,对民间信仰最直接的关注便是庙宇。庙宇的数量越多,规制越高,越能体现民间信仰的受众程度。遍布于各个区域的庙宇纷纷指向这一点。庙宇的密集程度与民间信仰的区域性产生了不可分割的关联。浊漳河区域分布密集的灵湫庙、昭泽王庙、李卫公庙反映了这一区域民间信仰的特征。

(一)庙宇是信仰的符号象征

符号是指具有某种代表意义的标识。它具有两方面的内涵:其一,它承载着一定的意义,是精神外化的呈现。符号总是具有意义的,意义也总是以一定符号形式来表现的。符号的建构作用就是在感知与意义之间建立联系,并把这种联系呈现在主体的意识之中。其二,它以可见的形式呈现出来,并能被主体感知。符号是信息的外在形式或物质载体,是信息表达和传播中不可缺少的一种基本要素。(图4-1)

图4-1 潞州区捉马村昭泽王庙

物质载体本身只具有实际功能,但是如果经过多次强化以后,就会形成符号并赋予其一种象征，在人的心里产生特殊的意义，杯弓蛇影、惊弓之鸟、谈虎色变等成语所要表达的意义就是这种强化的结果。正如庙宇、碑刻之于民间信仰，如果缺乏庙宇、碑刻等实物资料，民间信仰在民众心中也会逐渐弱化，甚至出现断层。民间信仰之所以能够不断地被传承，与庙宇的重建、修缮以及碑刻的记忆有极大关系。

与庙宇相联系，民众会将历代在民间流传的关于神灵的故事——尤其是惩恶的故事与自己对号入座，检点自己的行为。民众会想起庙内威严狰狞的神灵，这些无形中的意识，会使信仰成为一种直指民众内心的思想活动。因此，在长期的历史发展过程中，庙宇便成为一种符号，成为庄严、正义、惩恶等的代名词。正如我们想起一些曾经非常严厉的人物时，身体便会无意识地颤抖或震动，其名字亦已成为一种符号，而庙宇的功能也正以其符号象征在社会中发生作用。

不同的庙宇因其所奉之神灵的不同而具有不同的感召力。被当作源神崇拜的灵湫神与水源、送子联系在一起；昭泽王则与祛除妖魔鬼怪、镇邪避瘟密切相关；至于李卫公，不仅与正义、勇敢相连接，而且能够以历史人物的形象融入李氏宗族的族群信仰之中。神灵的这些特性已渗透进庙宇与信仰之中，成为人们看到庙宇的第一感觉，其作为一种符号已渗入民间社会，与民众的生产生活紧密地结合起来。

（二）庙宇的修建显示了民间信仰的受众程度

民众对那些为本地做出贡献的人最诚挚的感情就是将其当作神灵崇拜，将其供奉于庙宇之中，因此，从庙宇的创建情况可以看出民众对信奉之神的崇拜。庙宇的规格、式样、构件等均显示出民众的受众面与虔诚程度。修建庙宇需要大量资金。一般而言，修建庙宇的资金都是民众捐助而来，必须要有更多的民众才能筹集到更多的资金。那些富丽堂皇的庙宇一般都是筹集了众多信众的钱财才修建而成的。如果民众信仰的程度高，则会竭力出资，而对那些与本地社会无多大关系的信仰，则很少有人关注。在浊漳河区域的灵湫信仰、昭泽王信仰、李卫公信仰等，其庙宇非常富丽堂皇，其他山神、土地等则会很小。一些信众不多的信仰，庙宇规格一般，并且会随着时间的推移而渐渐消逝。例如在襄垣一带流传的魏孝文帝信仰，其庙宇在历史发展过程中已消失殆尽，至今人们根本无法知晓魏孝文帝的事迹及其在社会上的意义。

由于经常出入庙宇，庙宇成为民众心中的寄托，很多事情都与庙宇联系在一起。除了信仰以外，庙宇还扮演着公共场所的角色，民众在出入庙宇过程中，不断记忆，无形中对庙宇形成一种认同感。因此，笔者在田野调查过程中，经常会被问道，"是不是来修庙的？""庙都多年没修了，也没人管，你们能不能给修一修？"很多民众愿意修庙，但由于经费不足，所以不敢提议。如果能够对庙宇进行修葺，民众就会感到非常高兴。有些村干部在竞选时，还会将修葺庙宇当作一项承诺，希冀得到民众的支持。其原因就是庙宇寄托了民众的情感。因此，庙宇展示的是民众对神灵的信仰程度，是民间信仰首要的表现形态，是地域社会特征的集中体现。如果加上各种构件，则地域文化表现得更加突出。①

正因如此，有人指出："无神无庙之民间信仰难以为继，缺乏内涵、缺乏文化厚度。"② 在乡村社会中，有积极好事者常将修庙当作自己的责任，勇敢地担当起这一大任，为乡村社会带来新的气象。直至今日，依然如故。在我们的田野调查中，可以看到很多普通民众，自己的生活非常简单，甚至刚刚解决温饱问题，但是在修庙之事上却是倾其所有，尽心尽力，令人感动。沁县上王村村民王先生，在当地只能算是一般家庭，但是在修建本村观音庙的过程中，他不仅是组织者，而且身体力行，捐款一万元。刚结束了我们的采访，便背起工具到田里为牲口割草。当问他为何这样做时，他说，为了传承文化，为了维系村民之间的情感。③ 这就是一种地缘情结，就是融汇于民众之间的地域认识，虽然没有过多的言语表述，没有高调的宣扬，但这就是真实的情感，是庙宇与乡村社会的一种密切联系。

（三）灵湫庙、昭泽王庙、李卫公庙的比较

就目前统计情况来看，浊漳河流域灵湫庙只有 4 座，昭泽王庙 23 座，李卫公庙 29 座。由此可以看出李卫公信仰不仅分布区域较广，而且数量多。昭泽王信仰次之，灵湫信仰最少，除了浊漳河源头区域，基本没有。

---

① 相关论述参见段建宏：《戏台与社会：明清山西戏台研究》，中国社会科学出版社 2009 年版。
② 张祝平：《传统民间信仰的现代境遇》，暨南大学出版社 2014 年版，第 126 页。
③ 王××讲述，采访时间：2014 年 7 月 16 日，采访地点：沁县上王村，樊慧慧整理。

因而形成了神灵信仰的不同辐射范围，根据区域大小，一般分为局域神、区域神与普遍神。李卫公是真实的历史人物，是得到唐朝统治者重视的开疆将领，对其封敕是保障国家安全的重要方式。加之其活动范围广泛，各地民众对其敬仰与祭祀亦在情理之中，其庙宇分布遍及全国自不待言，成为普遍神。昭泽王从现有资料来看，属于真实人物，但其出身较低，来自于普通家庭，得到名师指点，掌握了道教法术。自唐以来，得到民众的祭祀，也逐渐上升到国家祀典，不过其影响一直没有越出浊漳河流域，形成了区域神。而灵湫神的原形是女娲，一方面借炎帝声誉不断扩展，另一方面亦因炎帝声誉过大自身被忽视而受限制，致使其影响仅仅局限于浊漳河源头羊头山一带，成为局域神。

二　碑刻：庙宇的精神与灵魂

民间信仰要深入民心，便要在民众心中刻下印记。民间的记忆，一部分是靠口耳相传，即传说、故事。另一部分就是碑刻，由于碑刻的特殊性，它可以经久不坏，可以将民间信仰的历史不断地传承下去，因此，相对于民间的传说故事，碑刻显得更为正式，更为持久。传说故事在传承流变过程中会不断损益，碑刻则不会发生变化。要想了解神灵、庙宇的演变，碑刻是最好的资料，最具价值。

碑刻是庙宇的重要构件，是庙宇的眼睛与灵魂，是民间信仰重要的文化表征，没有碑刻的庙宇显得刻板无神。庙宇作为文化事象，要浓缩进文化，彰显文化，必须通过碑刻以及其他构件。碑刻记录了庙宇的发展变迁，成为记载庙宇发展变迁的史乘，就像正史之于国家、方志之于地方社会、谱牒之于宗族。一个民族如果缺乏历史，则会失去民族的精神。一座庙宇缺乏碑刻就失去了灵魂，民间信仰便失去了基础。

（一）碑刻记载了神灵的事迹

唐代名将李靖，在死后被山西各地信奉与祭祀。邑人杨义方在重修碑中亦记载了这种割舍不断的关联：

> 唯王姓李，颛元之裔也。……王讳靖，雍州京兆人也。昔在皇

唐，佐命享崇高之祉，迨于晋室聪明，降肸蚃之灵。生而位尊，鼎铉升于上。唯王起家仕隋，为马邑郡丞。其屈伸之道有如此者，惟君子清明在躬，视于未兆，惟贤者忠信为用，量而后臣。唐高祖神尧皇帝龙潜勿用，养晦遵时，振旅北门，观兵极塞，控弦十万。英雄生震耀之机，被练三千，慷慨有澄清之志。王密察其变，悬识其微，自镺上言，道塞其止，有如此者。太宗皇帝，名飞帝箓，功被寰瀛。是时，拜王为荆州总管。武德四年，破萧铣于江陵。六年，执（蒲）[辅]公祐于陈郡。迁拜杨府长史，安州大督。禹贡九州，肇开荆野。《汉书》七郡，咸隶桂林。文武登任者，厥惟艰哉。是用拜王为刑部尚书、中书令，转兵部尚书，封代国公。若乃阴山瀚海、大勍西街，高皇之愤雪矣。是时天子方畴咨边事，昭赫戎容，攘夷狄以正封疆，闻鼓鼙而思将帅。是类是祃，祭蚩尤于北门；五甲五兵，统羽林于东璧。是用封王为定襄道总管，讨突厥也。帝用嘉之，是用拜王为尚书左仆射，进贤之官。文帝临轩，方思李牧、邓隃授钺，遂伐西零，于是拜王为西海道大总管，西渠巩甲四百乘之戎车，青海、葱山五十国之风土，唯王战伐功名，事光彝鼎，轩裳弁冕，位极于人臣，享寿邻于耋期。累阶至于开府，谥曰景武，昭其绩也。赠曰司徒，厚其终也。其贵有如此者。若乃骊穴腾精，尼邱禀粹，十翼考连山之象，九畴观治水之书。武侯八阵之图，充国四夷之学，靡不通微索隐，极思覃精。惟几也，故能相天下之宜；惟变也，故能成天下之务。汾州大儒，文中子王之师也。化而不测之谓灵，死而不朽之为显，灵显之义，盖由此乎？①

从这些记载，我们能够进一步了解李靖一生的功绩以及在山西得到信仰的原因。而昭泽王庙的各种碑刻，则为我们还原了焦公的出身及其事迹。

就目前保存下来的碑刻而言，最早记载焦公事迹的是元代大德年间的碑刻："考之世系，公姓焦氏，自唐咸通七月五日降诞，甫七岁，握手不展，缄口如愚，清绝超世，玄德于心。年迄十三，夜梦天神赍玉函，内有符印宝箓，谓公曰：予奉太一真人遣令付汝。待旦诉其由，父母骇然忻怃。是时，乾宁地砾风霾，洪水方割，公飞符投水，妖遁水却。至改元光

---

① （宋）杨义方：《唐卫公晋封灵显王碑记》，乾隆《潞安府志》卷二九《艺文续编一》。

化,有东山居士常公簪裳,俨然造门请谒,愿试玄术之万一。共往阔垯水傍,擎印驱龙,窜匿洞穴,常公伏地,汗流至踵。其后,妖疫数起,太守王祐求俾乂公至,使影迹绝灭,随事奏闻。朝廷位赐'风云将军'。"① 基本记载了焦公的简历,刻划了一位智识达人、道术高超、为民除害的道士形象,成为明代《昭泽王宝箓本纪》的底本。到明代嘉靖年间,潞安府捉马村重修昭泽王庙时亦对其进行了记载:"王姓焦,潞之襄垣人,其父祖阴阳术数,王生而颖悟。及长,形貌魁伟,丰彩神异,济人利物,神变莫测。至唐天复二年,妖气横天下,上党居民震恐,诸法不能禁,府太守出榜,旁招术士,得王能鞭挞鬼魅,去逐蛟螭,其害遂息,王亦化白光趋于一洞。太守上其事,加其号曰'风雨将军'。王不受封,遂遗尸于兹,惟衣一袭,众莫能举。太守异之,为之礼葬。自王遗尸之后,威灵显应,屡有功泽于民。宋大观间封王为甘泽侯,至宣和间封王为昭泽王。"② 其后魏光绪、路焕纹、陈宗海等人都对其事迹予以记载,为后人展示了昭泽王信仰的生成与发展。

这些记载使得信仰成为可考的历史,成为信之凿凿的历史。民众会对自己的信仰更加虔诚,更具有说服力,使得这些事实不为虚构,增加了神灵在区域社会中的威望。而对那些没有记载的信仰,民众也会嗤之以鼻,"那些都是胡说八道","都是他们自己想像出来的"。这些碑刻一代一代传承下来,成为区域历史的见证。

在碑刻中,还记载了大量的"灵迹",这些"灵迹"是民间信仰在民众心中产生积淀的重要内核。缺少这些"灵迹",神灵只能是飘忽不定的虚幻之词。至清代同治年间,襄垣县令陈宗海因旱祷雨成功之后,对昭泽王历代的灵验事迹进行梳理,详陈同治元年的旱灾及其祷雨过程,上疏要求加封昭泽王"康惠"二字,最终得到朝廷敕封,使得昭泽王的敕封进一步增强。

> 溯查襄垣县志载,康惠昭泽王,唐懿宗时人也。咸通九年戊子岁七月初五日生于长乐,焦姓,出家得道,能御灾捍患,为潞、泽、辽降妖祈雨。上党太守以其事上闻,封云雨将军,后脱蜕仙升。及五代

---

① (元)王汝楫:《昭泽王事迹铭》,大德元年,(清)胡聘之:《山右石刻丛编》卷二八。
② 《重修昭泽王庙记》(拓片),嘉靖三十一年,现存潞州区捉马村昭泽王庙。

唐清泰二年，草寇啸聚，官兵不能御，突于武乡县五修真洞中遍起红云，闻空中铁骑声，石飞如雨，贼皆打毙，加封灵侯。五代晋开运二年，各县大旱，凡诣洞求雨得雨，加封显圣公。迨宋宣和元年直隶、河南、山西省等大旱，祈雨灵验，加封昭泽王。元世祖南征渡海，见王阴为之助，特封海渎王。明太祖定鼎，改封海渎焦龙神，而实则昭泽王、海渎王也。殆我大清定鼎，仍循其旧，而各省百姓遇旱求雨，灵应如响。宗海于同治元年六月杪履襄垣任，适大旱，禾苗枯槁。七月初二日在庙祈祷，当日即沛甘霖，转歉为丰。宗海禀请抚宪具奏，奉旨加封康惠昭泽王。四年夏，又亢旱，宗海亲拟告文，令北底村耆老赴王修真洞口焚化求雨，宗海柳冠布履出城二十里，跪迎泣祷。六月初三自午至酉，炎天赤日中步行四时，烈日炎蒸，心神如醉，迷闷之间，宗海亲见王坐轿于雨楼前，长面长须，威严端肃。斯时迷而不知为王也。蒙王祐，初五日大雨如注，阖境沾足。同治六年丁卯，适值王千岁寿辰，五月内又大旱，宗海于二十六日亲诣王修真洞口跪求，回衙，六月初二得有透雨，秋禾始能播种，贫民方得重生。①

只有了解了这些历史，我们才能清楚神灵与地域社会的关系，才能理解信仰与民众之间这种难以割舍的情怀。

（二）碑刻中包含着民众的情感

研究民间信仰，必须了解民众的情感，主要有两种方式，一种为田野调查，与民众交流，体悟他们对民间信仰的看法以及民间信仰在他们心中的地位。一种为碑刻。地方志中保存了一部分碑刻，这些碑刻为名人所写，记事较为详细，用语颇具文采。更多的碑刻仍保存在民间，庙宇中的大量碑刻为当地文人所写，而当地文人对民间信仰与本地域的关系更为熟悉，更为亲切。尽管碑文已非乡间俚语，已成为具有规范的文学体裁，但是对民间信仰的认识仍大体符合民众观念，对民间信仰与民众的关系、民众的心理感觉也比较真挚，能表达民众所思所想。正如碑文作者所言：

---

① （清）陈宗海：《……率合邑绅民建修龙洞山行宫碑记》，同治七年，《三晋石刻大全·长治市黎城县卷》，三晋出版社2012年版，第326—327页。

"予生养兹土，同沐神恩，词虽鄙陋，所不敢辞，惟据事直陈，勒诸碑石，庶由此以往，历千载而不敝，永蒙神佑于无疆。□则固合里所同愿，亦予所私祝者矣。"① 虽然没有华丽的词藻，但表达了民众的心声和愿望，饱含着对这一善功善举的继承与期望。

民众为何要修建庙宇？"尝谓神者，神也，所以神其神也。神者神于神，所以神其神者，在于人也。神非自神其神，有功于民，自足以神其神也。人非能神其神，而诚以格神来神之阴骘，斯所以神其神也。"② 正是因为神与人不可分割的关系，才导致民间信仰成为民众心理的重要组成部分。神灵与世俗是传统社会体制的两大构成，世俗社会中有各种法律、制度、政策在规范着人们的行为，但往往有很大的漏洞，为了补世俗体制之不足，人们需要借助神灵，才能达到社会秩序的稳定以及心灵的安慰，于是神圣亦成为社会控制的一大手段，正如碑刻所言："神人无二道，幽明无二理。人苟不能神在己之神，而欲来在神之神，神若我顾者，未之有也。是在我既无其神在，神何能神其在我哉！非惟神不我顾，且又阴骘于诚者，而殃于不诚也。夫诚能格神，不诚则不能格神，诚则神至，不诚则神不至。又曰：神而明之，存乎其人。"③ 将人与神的关系表述得清楚明白。（图4-2）

图4-2 长子县房头村灵湫庙碑

---

① （清）申履中：《重修西陪房碑记》，咸丰八年，高平市炎帝文化研究会：《炎帝古庙》，文物出版社2011年版，第36页。

② （明）王密：《重修灵湫庙记》（照片），嘉靖九年，现存长子县房头村灵湫庙。

③ 同上。

对民众而言，修建庙宇最大的愿望也就是"举家各求平安、福利，每岁田蚕茂盛，普降一方，风调雨顺，苦雨不生，人民康泰，五谷丰收"①，简单、直接，直抒胸臆。"庶几神有所栖，民有所赖，凡一乡春祈秋报者在此，转凶迪吉者在此。然后一方之民，淳厚朴实，变浇漓之俗为礼义之乡。无非神农炎帝之德泽，有利于斯土也，大矣！后人之所以修庙砻碑，以久功德于无穷者，岂不宜哉！"②

民众时刻在表达着自己的诚意。这种诚意是发自内心的向往与信任，是只计过程不计结果的事神行为，正如"正其谊不谋其利，明其道不计其功"。在田野调查过程中，我们遇到了许多这样的人。他们不计报酬，只想做事。通常情况下，对事神人员，村里是不发放报酬的，有些地方也只是以文物保护的名义象征性地发一点，少得可怜。然而，这些并不影响他们奉神的决心与热情。高平市中坪村管理员将庙宇打扫得干干净净，一尘不染。当我们问他为何这样做时，他的回答很简单，就是"愿意"。朴素的言语，看似单调贫乏的表述，却表露了民众虔诚的情感。因此，尽管碑文以文学的形式表达，但其中的情感却是民众的情感，这一点，毋庸置疑。就奉神的实质而言，这些人希望通过自己的行为，在乡村社会中维系一种扬善弃恶的习俗，保留一丝纯真的愿望。在功利主义盛行的今天，这种愿望可能是许多人的共同追求。这样的论述颇多，"想人得天地之诚以生，古今共一理，则神人同一道，神必应人者诚之无息也，人能格神者诚之有恒也。太宗为神，诚精而明；善士修庙，竭诚而行。无事各安其位，有事幽明相能。总此一诚之流贯，如影随形矣乎！"③

尽管碑刻为文人所写，但却是文人在对此地熟悉的基础上写作而成。因此，在碑刻中体现着民众的情感。"《易》曰：天地变化，刚柔相推。周流六灵，首出庶物。阴阳不测者，其神道乎？《书》曰：钦明文思，温恭允塞。响用五福，降之百祥。吉凶所生者，其人事乎？扶天下之危者，必

---

① 《补修神农炎帝庙三崚殿碑记》，天启七年，高平市炎帝文化研究会：《炎帝古庙》，文物出版社2011年版，第28页。
② （明）公器：《重修神农炎帝行宫》，成化十一年，高平市炎帝文化研究会：《炎帝古庙》，文物出版社2011年版，第42页。
③ （清）秦奚：《唐太宗庙重修碑记》，乾隆二十八年，《三晋石刻大全·长治市长子县卷》，三晋出版社2013年版，第156页。

据天下之安。除天下之否者，必享天下之泰。贵盛命也，文武才也。生惟封侯，丛尔班超之气；死当庙食，壮哉梁竦之言。生民以来，王佐之际功德不朽，神变无方，未有如灵显王者矣。"① 这些文绉绉的话语，虽非出自民众之口，但却表达了民众的思想感情。

第二节　传说、故事与民间信仰的建构

传说、故事是民间信仰的文化因素，是民间信仰的灵魂，没有故事的信仰是不能长久的，是没有生命力的。传说与故事成为民众建构民间信仰的资源，民众将民间信仰建构成自己需要的形象，表达自己的意愿，彰显不同的社会功能，是民众在传承民间信仰过程中思考地更多的问题。在民间信仰的传说与故事的传承与传播中，大体上均需借助于母题。不同区域的民众根据自己的理解和需要，结合本地的文化资源，建构起具有地域特色的民间信仰。

一　神化：建构的起点

（一）建构非同寻常的身世

在民众将神灵民间化、在地化的过程中，必定要将其按照普通人的模样进行形塑。因此，每一位神灵均如凡人一样，都有父母，有亲戚，有自己的社会关系。这些内容均需与当地社会联系起来。正如灵湫信仰，其本为山神，在后来的传承过程中，民众逐渐将其功能转移至祈雨，祈雨又必然与水联系，因而从山神转变为源神。无论是山神，还是源神，均没有像凡人一样的社会关系，不能显示出其民众化。于是，人们逐渐将其与当地长久以来一直传承的炎帝信仰相联系，使二者发生了关系。在此，我们只能说炎帝信仰是灵湫信仰民间化的充分条件，而非必要条件。当灵湫与炎帝发生关系时，一系列的形塑便逐渐合理起来。灵湫原为炎帝的女儿，使灵湫的身世更加神秘，更加显赫，其在社会中的地位也无可置疑。因此，

---

① （宋）杨义方：《唐卫公晋封灵显王碑记》，乾隆《潞安府志》卷二九《艺文续编一》。

国家对其极为重视，地方官员祷雨均要到几十里外的地方举行仪式。

昭泽王信仰更是如此。焦公本为当地一位会法术的道士，但是由于其帮助人们度过难关，解决了民众在生活中遇到的问题，因此得到人们祭奉。在祭奉过程中，焦公的形象逐渐发生变化，首先是神化了其非同一般的身世，其出生、学道、除妖、升仙等一系列经历都具有了神性。甚至将其出生用了"接触律"的方式，使其出生显出灵异性。即使是以正常的方式出生，也要使其母亲受到异常待遇，并为其编织了充满艰难与挑战的经历。甚至将焦公与盘古联系起来，认为焦公是盘古的儿子。其一生传奇经历则不断增加，与之相联系的就是用人伦关系使其故事更加完整，有了姨姨、舅舅等亲属。为之又增添了与舅舅、舅母之间的矛盾故事。

然而，当这些均以正常形式展示时，民众并未就此止步，而是进一步为其建构了非同寻常的身世。

在民间传说中，以正史叙述的方式为焦公建构了非同寻常的身世，"初，姑嫂二人于漳河岸洗衣。见漳河清洁，不漫不支，有桃一枚随波逐流，姑嫂争取而姑乃独吞焉。由是，有胀腹彭彭而以为病焉。历三年，忽产一男"①。（图4-3）在民间对其故事进行不断改造、形塑的过程中，又增加了各种附会、传说，使得其身世越发扑朔迷离。"故事发生在历史上的不知何年何月，当时北底村的小河边上，住着一户人家。一日下雨过后，这家的姑嫂两人来到河边看涨水，无意中发现从上游冲下来一颗桃子。这颗桃子粉的皮儿，红的尖儿，绿的叶儿，煞是招人喜爱。眼疾手快的小姑子一把将桃子抢在手里，并作秀似地在嫂子面前炫耀道：好大的桃子！随之在鼻子前闻了一下，就在这个时候，那个桃子却惊人地一下子从小姑子的口中窜进了肚子。刚开始，谁也没将此事记在心上，可是，时间一天天地过去，小姑子的肚子却莫名地一天天鼓起来，吓得她整天也不敢出门了。……一日深夜，在毫无办法的情况下，她独自一人从家中逃了出来，沿河东去。……中午时候，到了马鞍山背面的一块洼地。这时，她的腹中突然一阵绞痛，顺利产下了一名男婴。生下孩子以后，她拿了些茅草，铺了些破

---

① （清）李增荣：《复叙昭泽王功德碑记》，民国十一年，《三晋石刻大全·长治市襄垣县卷》，三晋出版社2015年版，第451页。

旧衣衫，将这个小生命放在了上面，忍泪离去。到了马鞍山脚下时，她忍不住回头一看，这一看，却着实让她大跌了一次眼镜：一只雌性狐狸在用自己的奶水喂养着男婴，天空有一只老鹰张开了双翅在为其遮阳。"①

图4-3 静静的浊漳河

而另一则故事的主角虽然并非焦公，但其中的人物形象非焦公莫属，主角是其母亲，即民间信仰中的送子奶奶。

相传，送子奶奶实有其人，本名叫王朝娣，系襄垣县北关村东厢房人。传说王朝娣出生时，东厢房上空"有祥云朵朵，金雀成群"。朝娣出生后，心灵手巧，擅长针工，描龙镶凤，无师自通。16岁那年夏天，和其大嫂到北底小河洗衣裳，小河上游冲下一个鲜桃，朝娣用棒槌将桃子赶捞到岸旁独自吃了。回到家后，竟有了妊娠反应。十月将至，肚皮鼓鼓，遭到父母哥嫂责骂，王朝娣无奈，独自一人离家出走，沿浊漳河东行，行至东宁静村黄栌嘴，腹痛分娩，产下一男婴。朝娣将儿子用衣裳包好，弃放于黄栌嘴山梁东坡一柿树下。行至石柱岭，回头一望，见放婴儿地方的上空老鹰成群遮凉，树下金钱豹喂奶，坡上巨蛇吐信护卫。朝娣急回头将弃婴抱起，往岚沟一带谋生。②

---

① 《望儿峧的传说》，郎丽宁、桑爱平：《人文襄垣丛书之十·故事传说》，北京燕山出版社2011年版，第13页。
② 《三月十八送子奶奶生日》，屈毓华、桑爱平、王新民：《人文襄垣丛书之六·民俗风情》，北京燕山出版社2011年版，第36页。

这些不同凡响的身世，使得神灵的神性进一步增强，在民间更具有合法性，并进一步泛众化。甚至将焦公之身世上溯至盘古及其夫人。"盘古是上古开天辟地之人，他的夫人名叫育蛟。有一天，育蛟到三漳合流的襄垣合河口洗衣裳，发现河中央兀起一块大石头，上边盘着一条大蛇，吓得她慌了神，回到家里，不久便身怀六甲。盘古怀疑其有外遇，她为表明自己的清白，就寻了短见。育蛟死后，其弟弟和弟媳为其做'五七'，见其姐育蛟坟上坐着一个白胖的小男孩，其弟和弟媳将其抱回家，认作外甥。舅母给小孩缝了个红兜。因其母叫育蛟，故为小孩起名'蛟子'。"① 其目的就是使其具有崇高的身世，一方面使其身份提高，一方面增加民众信仰的基础。民众的建构就是要使得焦公能有非凡身世，最终成就非凡伟业，民众的信奉就有据可查，真实可信。

（二）增添神性

没有神性，便不会成为民间信仰，便得不到民众的信奉和祭祀。而神性的形成亦是民间信仰在生成中的重要环节，民众通过自身的形塑行为而实现。焦公自小愚钝，七岁以后忽然开窍，但民众在建构其学道、得道、除妖、升仙过程中，亦不断增加新的元素，使其增添神性，其神力更加"符合"事实，其形象更加真实，更有一定的影响力。

在传说故事中，焦公梦中学道是其重要一环。"唐昭宗景福七年正月八日夜，梦日华灌顶，神光绕体，有天人自空而降，引二童子携一玉函，内有灵文宝箓，谓公曰：'我奉太清境上清宫中太乙真人并六甲六丁神符付汝，汝当敬而受之，行此以度世人，傥不生邪见，汝可上证仙位。'二童留玉函，遂升云而去。"② 经此形塑，焦公的形象便与普通人不同，具有了神力。为此后除妖去瘟埋下了伏笔。在与常公的较量中，亦充分显示了焦公非凡的定力与超越一般的能力。因此，其后的除龙、斩蛇等情节便顺理成章了。

焦公在其舅舅家时，遭舅母苛责，其神性大显。"有一天，舅母安排

---

① 《龙王落泪处》，郎丽宁、桑爱平：《人文襄垣丛书之十·故事传说》，北京燕山出版社2011年版，第277页。

② 《昭泽王宝箓本纪》（复印本），现存上党区王童村村民家中。

他浇地，半前晌来看他，见他躺在井台上睡觉，便气愤地说：'你浇不完地，中午甭想吃饭！'他漫不经心地回答：'你老快做饭去吧，到时候就浇完啦！'到中午时刻，一场透雨下过，周围十村八乡都是沟满渠平。"①其为地主放牛，一拍牛屁股牛便能由小变大。这些神性，均使得昭泽王信仰在地域社会逐渐生根，有了深厚的基础。

昭泽王降雨的故事与李卫公降雨之事在民间传说中亦产生了相似之处。据说，有一年焦公曾经居住的苏店一带大旱，村里人便派其舅母前往焦公得道之处求雨，舅母"到了襄垣马鞍山的山洞，他们见两个白胡老头在弈棋。舅母正要上前说话，其中一位老头说：'我家洞主今日有事，不能会客！'另一个老头指着石桌上的一个小瓶子对她说：'你把这瓶里的水带点回去吧！'舅母连忙将自己随身带来求水的小瓶取出，走过去就倒，老头忙制止说：'只需一两滴足矣！'老头儿说着帮她滴了水，并随手捡起一枝枯草对她说：'你闭上眼睛，就骑它回去吧！'她刚闭上眼，就觉得耳边生风，腾身雾里。心中害怕，两眼一睁，两脚就着了地，抬头一看，乌云密布，见一条黑龙腾空而去。她定睛向周围看了一阵，才知道这里已经是长治北门外了。后来人们就把这地方叫卧龙岗。她怕着了雨，急忙向前赶路，当走到王童村时，回头一看，身后的坡都黑了，雨就在后边紧跟着"②。李卫公替龙母降雨亦大体相似。可见民间信仰在泛众化过程中，具有相似的途径与框架，只不过借助的内容略有不同而已。这些都使其神性不断增强。

二 形塑：建构的扩张

神灵形象并不是一成不变的，在不同时代，主流文化因素逐渐融入民间信仰，使神灵形象不断发生变化。③灵湫借助炎帝形象而不断丰富，并且与水源开始结合。同时，民间又以三奶奶的形象，使其增加了另一种形

---

① 《昭泽王庙》，郎丽宁、桑爱平：《人文襄垣丛书之十·故事传说》，北京燕山出版社2011年版，第65页。

② 同上。

③ 段建宏、张慧仙、樊慧慧：《二仙信仰形象的演变与功能叠加》，《中国地方志》2017年第7期。

象，这些形象之间并无内在的联系，完全是民众根据需要随意增加而致。

（一）形象更加丰满

神灵的形象在传播与传承过程中，会进一步增加内容。不同区域的人们会将神灵进行自己的想像。（图4-4）

图4-4 上党区王童村昭泽王庙所绘焦公经历图

在民众的建构中，神灵与普通人一样，也有自己的亲戚和社会关系。民众也为昭泽王增添了神亲：姥姥、舅舅、舅母，使其形象更加丰满、鲜活。这一建构使神灵与民众之间增添了亲和度，神灵逐渐步入民众生活之中。"据说，昭泽王原是襄垣县一个穷苦人家的孩子，从小父母双亡，生活在长治苏店他舅舅家里。因为他生了一头秃疮，所以人们就叫他'小秃子'。舅父去世后，小秃子已有八九岁，就被妗子赶到田里干活。她还亲自到田间去监看。小秃子偶尔玩耍，便受到妗子的打骂。"并且通过具体的事例记述了焦公与其舅母之间的争斗。① 在传统社会中，由于母系亲属为外人，因此舅母与外甥之间的矛盾成为小说、故事论述的主要内容。

在给予焦公非同寻常的身世时，人们将其上溯至盘古及其夫人，但由于夫人属于"非正常"受孕，因此遭到盘古猜忌，其夫人不堪忍受，自尽而死。但是在这个故事中，舅舅与舅母均为好人。他们艰辛度日，终于将

---

① 《昭泽王庙》，郎丽宁、桑爱平：《人文襄垣丛书之十·故事传说》，北京燕山出版社2011年版，第65页。

蛟子养大成人，蛟子由于念及养育之恩，在升仙之时流下两滴泪，便成为襄垣县上峪村的八仙湖。

在民众的形塑中，他们根据方言，将昭泽王谐音为"蕉籽王"，并将其与炎帝联系起来，认为"蕉籽王"居住的村子——浩庄——为炎帝舅舅居住的村子，有一年大旱，"蕉籽王"母亲便让"蕉籽王"和炎帝的舅舅一同到羊头山向炎帝求雨。在炎帝的帮助下，最终降下一场透雨，使村民度过灾难。蕉籽王为了感谢炎帝的恩德，就在浩庄修建了炎帝庙，终日祭祀。也有人说，蕉子王就是炎帝的儿子。① 如此众多的故事，使得炎帝的形象越来越复杂，尤其是将人与神联系起来，使普通人更具有神性，为其在民间社会的传播增添了内涵。

在民众形塑昭泽王形象过程中，有一种手法，便是利用谐音，将昭泽王与蕉籽（或者茭子）联系起来。茭子，是晋东南的一种重要农作物，学名高粱。或者与其姓氏有关，或者与当地发音有关。焦公也是一位种茭子的好手。在种茭子的过程中，因遇天旱，需要祈雨，因此便有了各种形式的祈雨行为。为后来昭泽王具备降雨功能打下了基础。

李卫公信仰亦是如此，在民众将李卫公信仰带入宗族信仰之中时，便利用了重构与想像的方式，使李卫公及其后裔能够与沟东村李姓宗族联系起来，并且使其形象更加高大。这些形塑，是民间信仰生成的必要过程和步骤。

（二）神灵形象发生改变

在浊漳河流域的民间信仰中，其形象都发生了改变。灵湫信仰原本为山神，是一种级别较低的信仰，但是在传承过程中，为了抬高神的地位，赋予神以较高的身世，民众将其与本地一直流传的炎帝故事相联系，山神成了炎帝的女儿，并为其建构了一则美丽的故事。由于其祈雨成功，故事并不完美。炎帝属火，与降雨本为相互矛盾的两个方面。于是，在民间，又将其进行转化，使炎帝女儿成为源神，源神与水密切相关，使降水故事听起来更加合理。这样，山神就转变为源神。民众长期祈雨，灵湫神不断

---

① 高平市文史资料委员会编：《高平炎帝陵》，高平市振兴印刷厂2000年印，第284—286页。

造福乡里，最终成为地域特色民间信仰。

昭泽王信仰虽为本地信仰，但其原为道教人士，由于其具有法力，为民众带来福祉，得到民众的赞扬，故而死后被奉为神，久祀不替。但民众对其亦进行了"合理化"形塑，民众向昭泽王祈雨，屡遭应验，最终成为有影响的雨神，并利用元世祖南征的故事，将昭泽王与海联系起来，海可以降雨，并成为龙神，使祈雨显得顺理成章。

李卫公信仰的建构相对简单。因为李卫公信仰是全国普遍的民间信仰，只需将他从别的地域拉过来即可。于是借助李卫公代龙母行雨的故事，使李卫公信仰亦具有了降雨之功能。对于地域民众而言，故事并未就此停止，他们对此又进行了新一轮的建构，将李卫公与宗族建设联系起来，使得李卫公成为当地李姓始祖，并将其庙宇作为"家庙"不断祭奉。

不管这些故事是否属实，不管这种建构是否合理，总之在民众的传承过程中将其不断丰富、不断强化，使得这些故事与民间信仰密切联系，增加了信众，增加了可信度。

（三）在地化：建构的定型

将民间信仰进行在地化，也是民间信仰形塑与建构的重要步骤，只有与当地结合，才能形成源源不断的动力，使其更具有信服力，从而拉近与民众之间的距离，增加亲切感，在民众心理形成深厚的积淀。尤其是一些普遍性的民间信仰，民众会通过神灵托梦、制造灵迹、演绎传说故事、帮助神灵结亲等形式使民间信仰不断在地化。

三奶奶（灵湫）的故事在浊漳河源头广为流传，民众为了增加信仰的可信度，于是为其演绎出娘家（看寺）、婆家（房头），使得三奶奶与当地的关系更加密切，从而使信仰进一步与地域社会结合。李卫公信仰则是通过演绎其带兵打仗的故事，强调其带兵路过此地，军纪严明，无扰百姓，增强了地域与神灵之间的关系。

事实上，李卫公信仰一直是国家信仰，在府、县二级管理之下，即使在其他地方，亦是公共信仰，并非私人信仰，与宗族无多大关系。潞城县神头村李卫公庙一直是作为官方庙宇不断重修建设，并无宗族参与。按族谱记载，"27代身为国舅的庞祖，大明九年①被奸臣诬陷，靠着忠良的保护才免遭杀祸，不久虽忠奸分明，但全家人153股已四散全国各处，只有迁居在沟东村的一股远离朝政专心农作了。"② 结合前文"第28代李功、李绪迁居沟东"之语，可知李氏在明初来到沟东村。而李卫公信仰早在宋代已在浊漳河区域开始传播，此足以证明李卫公信仰的产生与李氏宗族没有关系。在李卫公信仰的传播发展过程中，也未见李氏宗族参与其间，从目前保存下来的碑刻中，看不到任何与李氏宗族有关的记载。如果李卫公信仰果真与李氏宗族有关，那么李氏宗族必定会参与李卫公庙宇的修建、管理，事实上这一点并不存在。众多的碑刻中仅仅记载了李卫公伐北定南的功绩，只字未语与李氏宗族的关系。如果仅凭目前有人说曾有李氏墓地，即认为李卫公信仰与其有关，则显得有些唐突。但是有一点是可以肯定的，在民间信仰的发展过程中，虽然宗族不一定会与其产生关系，但这并不影响宗族利用民间信仰来进行建构。他们此行之目的无非是想说明宗族具有良好的血缘基础，具有较高的声望，应该在区域社会中享有一定地位，借此抬高自己在区域社会中的影响。因此，利用民间信仰建构宗族亦成为宗族发展的一个渠道。

三 记忆：建构的传承

在民众的记忆中，保存最多的是灵验的故事，这成为民众讲述故事的起点和归宿，也是民间信仰得以传承的重要支柱。如果没有灵验，神灵就会被民众遗忘，研究者在田野调查中就会空手而归。当然，这些灵验，可能是讲述者自己添加的，或者可能是某些"别有用心"的人制造的，但加上许多人的附和，制造出来的故事便具有了一定的认可度。在传播过程中，它不断地被添枝加叶，原来简约的故事不断丰满，神灵形象也越来越生动具体。

（一）成功的灵验故事

灵验故事大部分属于此类，民众常常会讲一些求神成功的故事。如求

---

① 不知为何年号。即使按明朝建立计算，也只是洪武九年（1376）。
② 《李氏族谱·序》，第3页。

雨、求子、求药，以此增加神灵的神圣性，并借此扩大民间信仰的传播范围。基层民众的宣传对民间信仰的泛众化是非常重要的，也是民众认同的基础。这些灵验故事就像一个个的发动机，推动着民间信仰不断泛众化。民间信仰功能是自身所具有的，但是功能的最终实现还要依靠灵验。如果神灵没有神迹就不能完成泛众化。灵验在很大程度上将功能得以体现，使其在民众心中的权威逐渐增大。可以说没有灵验，功能便不存在，越是灵验故事多的神灵，其泛众化程度越高。如关帝信仰，自古迄今，在国家与民间社会的不断推动下，创造出一个又一个故事，即使是偏僻的山村、不识字的老人，都会讲几则与关帝相关的故事。除此，各地域神灵的灵验故事也存在于不同的地域。这些灵验故事不断地塑造着神灵的形象，加深了神灵与地域社会之间的联系，加深了神灵与民众之间的情感。

祈雨，是传统社会民众生活当中的重要事情。干旱时期，民众总要想方设法祈雨。除了一些常见的民俗之外，规模最大、影响最深的当然是到庙宇中向神灵祈雨。于是，大量成功的祈雨灵验故事便逐渐传播开来。（图4-5）

图4-5 武乡县寨上村采访

所有这些灵验故事，大部分是民众的亲身体验或者熟人的体验，其"真实性"自不待检验，叙述者不容置疑的口气以及神情就是最实在的检验。尽管我们并未亲眼所见那些"灵验"之事，但在现场的情境中是能够感受到这种震憾的。这些均是民众的生活体验，是生活中能够实现的，如病愈、东西失而复得、降雨。不过，在国家与民众建构的故事中，有些虽然难以验证，或者说故事的情节根本难以成立，却仍然不断流传，并未有人怀疑。如晋东南二仙饭军的灵迹，即使在官方文献中、地方志中仍如出一辙地表述着，由此可见，故事的内容并不是人们关注的重点，这种现象所表达的情感才是人们所关注的。

在传统社会中，民众在生产生活中遇到的经常性的、普遍性的灾害便是旱灾。十年九旱在中国多数地区，尤其是华北地区是一个被普遍认可的说法，各种史籍中也记载了旱灾来临时人们抛家离乡、鬻妻卖子、流离失所等苦不堪言的境遇。因此，为了度过旱灾，各个地域的各种神灵许多都具有祈雨的职能。在神灵的灵验故事中，祈雨的应验是常见的模式。即如二仙、三峻、狐神、关帝、河神、山神、龙王等等，大大小小的庙宇均成为祈雨的重要场所。配合一定的仪式，最终达到祈雨之目的。

原为带兵打仗、保护民众平安的李卫公，在民众的祭奉过程中增加了降雨的职能。在乡间流传的故事中，便记载了其与降雨的联系。李靖代龙王行雨的故事，赋予了李靖施雨的职能。民众将李靖视为祈雨之神，"岁岁奉祀不息，雨旸之祈捷若响应"①。

在祈雨仪式的背后，民众更看重的是灵验。在各种民间传说、故事之中，看到的更多的是灵验。这些灵验的故事被人们一代一代传承着，演绎着，增添着细节，将一些情节神秘化，使神灵更加玄妙莫测。他们的神迹在从古至今的各类文献中均有记载。

对于神迹的作用，杨庆堃先生总结说："神化的英灵神通广大，他得以进入平民百姓的日常生活，并通过接受他们的供奉和接受他们有关世俗事务的祈祷，成为朝拜的对象，人们祈求保佑的对象通常是求子嗣、治疾病、财运亨通、险图平安、功成名就。这些要求中任何一个的偶然实现，都可能成为被神化的英雄声名远播的契机。在这一点上，信仰对一般百姓的价值，也就暂时不只是政治伦理的奖赏，而变得更加关注神灵是否应验。"神灵对百姓的作用，主要表现在神灵是否灵验以及能否帮助人们实

---

① 光绪《潞城县志》卷二《祀典考》。

现生活中的愿望,也只有亲近民众的神灵才会得到民众的长期祭祀。

祈雨仪式是一种目的性很强的仪式,就是要达到实用的效果。如果神灵不能实现人们的愿望,神灵信仰在本地域就会衰落下去。作为地域神灵,灵湫、昭泽王、李卫公在民众的生活中经常保持着灵验性,于是就被深深地刻印在民众心中,因而仪式被逐渐传承下来。遇到天旱,民间就会举行各种形式的祈雨仪式。与此一致,民间信仰也逐渐扩散,从它的中心区域走向周围更大的区域。

对于神灵的灵验,浊漳河区域民众会通过唱戏的办法对其酬谢,多数唱的是上党梆子,随之也就出现了庙会、赛社等仪式。将神请来看戏说明神灵和人的心理是相通的,民众认为,通过这些能愉悦大众的、多种多样的仪式,也一定能够取悦神灵。"仪式是在集合群体之中产生的行为方式,它们必定要激发、维持或重塑群体中的某些心理状态。"① 总之,这些狂热的仪式和活动都成为民间信仰泛众化的保障和助推。

(二) 惩罚的灵验故事

神灵信仰的传播与泛众化主要靠成功的案例,是国家"有功者祀之,御灾捍患者祀之"思想的具体体现,也是民众信仰功利性的体现。正是在诸多成功的故事之后,神灵与地域社会之间的联系才会越来越密切,并且成为人们津津乐道的事情。在茶余饭后,民众经常会谈及此事,并且有意识地加入自己的想像,神灵的灵验便愈来愈玄奥,最后在民众中不断传承下去。

与成功的灵验故事相对,神灵还要对自己不敬的人进行惩罚,这也赋予神灵神秘性,增加神灵的权威性。通过这些反面故事,告诉民众要虔心敬奉,否则,就要遭到报应,就要带来灾祸。这样的故事是对神灵信仰的一种保障,其实正是世俗社会中的礼法思想的具体体现。礼(或者仁),是行之于事前,是先对民众进行教育,要敬奉神灵,神灵一定会带来福祉。法(或者刑),是行之于事后,是对违犯者进行惩罚,以强制手段令民众信服,如果有不敬的行为,就会带来灾祸。惩罚性的灵验故事也在民

---

① [法]涂尔干:《宗教生活的基本形式》,渠东、汲喆译,上海人民出版社 1999 年版,第 11 页。

众中不断传播，以警示那些企图或者已然对神灵不敬的行为。这些故事是民众自己创造出来保护自己信仰的重要手段。千百年来，这些惩罚的故事与成功的灵验故事共同推动着民间信仰不断传承，不断泛众化。也正是这些故事，保障了民间信仰不会被侵犯与破坏。

我们在采访灵湫信仰时，民众讲到前几年还有求雨的，求过不久就下雨了，非常灵验。① 另一位口述者也讲了自己亲历的一件事：

问：那有没有不信老爷遭报应的？

答：有，2013年想要给老爷唱戏，书记不信，电工不给接电，结果书记和电工还和我吵架，之后电工的老婆死了，全家都没了，老婆跳楼了。他不给我接电是和老爷对抗，他和我打架对抗，就是和老爷对抗，我是老爷的代理人。所以就不好了。②

在浊漳河西源，我们又听说了关于通玄庙（即浊漳河源神庙，图4-6）的灵验故事：解放前夕，通玄庙的西厢房住了一个法力高强的得道高僧，名叫胡××。有一天，另一个村社的小道士邀请他去小坐。临走前他再三叮嘱徒儿，不要乱翻他的东西，不要乱看他的书，徒儿满口答应。但当他去了那儿喝茶聊天时，茶杯突然摔在地上碎了。他感觉不对，便跳下地赶快往回走。当他回来时，庙的房子被仙架起来了，他的徒儿被夹在中间吓得不省人事。胡老道将仙架拉开，徒儿得救了，但却遭致大水，村里的人担了三天三夜才担完。③ 说明了源神在保障浊漳河水源方面的重要意义。还有一则故事讲的是，在解放后破除封建迷信时漳源庙被改作教室。有一天，一个学生拿斧头砍了神像的腿，结果，第二天早上大家出操完了回到教室，发现少了一个同学。同学和老师就赶快出去找，结果在西面放神像的地方找到了他。那时他已经死了，当时这孩子才八岁。人们都说是因为他砍了神像腿结果神像倒了将他砸死了。④ 这其实正是想告诉民众神

---

① ×××讲述，采访时间：2016年8月17日，采访地点：长子县房头村，郝婷婷整理。
② ×××讲述，采访时间：2017年3月27日，采访地点：潞城区×××村，郝婷婷整理。
③ 漳源庙管庙人讲述，采访时间：2014年7月15日，采访地点：沁县漳源村漳源庙，李艳丽整理。
④ 同上。

灵是不能冒犯的，如果冒犯，便会遭到神灵的报复，甚至是以生命为代价。这增添了神灵的神秘性，即使民众虔诚地信奉神灵，也在一定程度上保证了庙宇的完整与修缮。

图4-6 沁县漳源村源神庙

事实上，民众在向神灵祈祷过程中，大部分是失败的，为什么这些事例会在民众的记忆中缺失呢？这些失败的故事为什么没有成为神灵泛众化的障碍呢？在与民众的交流中，很少听到有人讲某某向神灵祈求，结果没有应验。对这种情况，可以从以下进行分析。

中国的神灵都是地域性的，其职责与世俗的官僚体系一样，有级别高低，有能力大小。神灵有管不到的地方，有管不到的时候，正如地方社会中会有官员管不了的事情一样，也有冤假错案。因此，神灵的灵验并不是在所有的情况下都会发生，民众也不会对神灵的灵验进行检验。况且，中国人是重人事的，神是人在无能为力的情况下造出来的，是对人事的一种补充，人们并不会将所有的期望寄托于神灵，只是在万般无奈的情况下才会求助于神灵。因此，对祈祷本身并不会寄予过高的期望，只是抱着一种试试看的心态，能成则成，不成便罢。

正因为中国人是重人事的，所以没有固定的神灵体系，级别高低与职责大小并无关系，似乎每个神灵都有自己的特殊之处。换句话说，每个神灵都是其他神灵的补充，各自之间既不包含，亦不排斥。即如求雨而言，职司降雨之神不计其数，这就是中国传统民间信仰的特点。在求雨时还有"晒龙王"的传说，便是人们对神灵的惩罚。是要让龙王同民众一样，经受烈日的酷晒,让他能够感受到百姓的痛苦,才会有所警醒,最终降雨。而人类学的观点则认为,通过暴晒,让龙王身上涌出汗珠,汗珠与雨滴具有象征联系,因此会导致下雨。无论怎样解释,人与神的关系是非常清楚的,人们心目中的神灵与人们自身一样,既有职责,就应该为民做事,如果玩忽职守,渎职怠惰,则会导致民情激愤,对神灵进行惩罚。在某种情况下,灵验之事可能会发生,并在民众中广为流传,进而形成一种民俗。

再者,神灵在世俗社会中有代言者,代言者是神灵与民众之间沟通的桥梁。"信众专程求神办事时,经常要借助具有超验能力的巫性村民与神灵沟通,神灵会将解决方法借助巫性村民之口传达给信众。"如果信众求事成功,则认为是神灵的灵验,如果事情不成,则认为是马子(即代言人)的过错,而不会怀疑神灵的灵验。① 因此,对民众而言,如果不灵验,则会归咎于代言人,认为其能力较差,会再寻找能力较强的代言人。这也是民间信仰为何会出现冲突与多神信仰的原因。

单从记忆本身而言,记忆需要不断重复才能加深,而且还需要不断讲述。但是这些失败的故事首先是得不到当事者的讲述,因为由于以上原因,当事者不愿意向别人讲述自己不成功的经历,他不会向无关者讲述自己的尴尬。在此基础上,不被讲述的内容就没有进入民众记忆的场域,因此没有人会去记忆。也就是"过滤性记忆",即人们在记忆时,会根据自己的需要、倾向而有选择地记忆,那些失败的记忆既符合常情,又与自己无关,也没有讲述的对象,便不会长期贮藏在人们的记忆中,因而逐渐被人们淡忘。在民众看来,神灵的职能与灵验之间具有因果律。神灵灵验是情理之中,失败只是偶然,是由于其他客观原因造成的。

因此,我们认为,灵验故事其实是一种反馈叙事。它与民间信仰之间通过新、老信众形成一种实际效果的反馈机制,在日常生活的叙事中完成对民间信仰的灵验与否的反馈。这种反馈可能产生两个影响:一是吸引更多的新人成为该神灵的信众;二是为新的灵验故事的产生创造条件。

---

① 王尧:《灵验传说:事件的选择、叙述与传播》,《民间文化论坛》2010年第2期。

第三节　仪式对民间信仰的传承

人类的宗教领域中，经常包括两个重要的范畴，一方面是对超自然存在以至于宇宙的信念假设部分，那就是信仰；另一方面则是表达甚而实践这些信念的行动，那就是仪式。仪式是用以表达、实践以至于肯定信仰的行动，但是信仰又反过来加强仪式，使行动更富意义，① 所以仪式与信仰是民众心灵世界两个互相依存、不可分割的重要内容。在众多的神灵信仰研究中，仪式是一个至关重要的话题。

民间信仰在传播过程中，会出现很多附带产品。传说、故事即是其中一种，它能反映出当时民众对它的期望和功利性诉求，体现民众的心理活动。另一种衍生物就是在庙宇中举行的对神灵的祭祀仪式。这种仪式在百姓眼中是与神灵沟通交流的过程，是神与人之间亲密联系的体现，这种仪式是民间信仰扩散的助推和保障。缺乏仪式就可能淡化民众对它的记忆，失去泛众化的保障。所以，自古以来就保存下来关于灵湫信仰的庙会仪式、关于赴昭泽王庙取水的仪式。

一　仪式推动了民间信仰的发展

（一）象征仪式的指向

"仪式的象征及其含义构建着我们对外界的感知，它将习以为常的行为归入大的关联体系中……仪式不是过去的残留，而是人类成长中重要的认知工具。"② 在浊漳河流域三个代表性民间信仰的共性中，祈雨是其主要功能。以祈雨为目的，在历史上形成了不同的仪式，在这些仪式中，其象征性是非常明显的。

首先，对人员的选择是有讲究的。大部分的祈雨仪式中，要求人员属龙，人数为12人，男性居多，少数地区女性可以参加。属龙，是因为在正

---

① 李亦园：《宗教与神话》，广西师范大学出版社2004年版，第47页。
② ［德］洛蕾斯·辛格霍夫：《我们为什么需要仪式》，刘永强译，中国人民大学出版社2009年版，第6页。

式的民间故事当中，龙王主管降雨，祈雨要想成功，便要与之相合。昭泽王在民间也称昭泽龙王，李卫公也称灵泽龙王，这些均与龙有关，属龙之人与此契合，便具有象征性意义。昭泽王之所以与龙王有关，与元、明的敕封不可分割。据史籍记载，元世祖南征时渡海作战，得到昭泽王的帮助，因此封为"海渎昭泽王"，明代封为"海渎之神"。[①] 在中国传统文化中，龙王主管降雨，因此昭泽王成为人们祈雨时求助的对象。

其次，对性别也有一定的要求。一般而言，女性是不可以祈雨的，但也有例外，某些地区女性可以参加。据他们解释，女人是水做的，女性具有温柔的品格，水性属柔，因此女性可以参加祈雨。尤其是女性神灵，求雨的主角便是女性。在灵湫信仰的信众中，便有许多女性，她们怀着虔诚的心灵在庙里做事，不计报酬，在求雨时也可以参与。在浊漳河流域的其他女性神灵中，也有大量女性参与的现象。

再次，还有相关的规定。要折柳枝、戴柳条编的帽子。因为柳树叶子像雨滴，象征可以下雨。再到一些水池或者溶洞取水，大概属于"感生律"之类。以水引水，这样就可以下雨。

在田野调查中，关于到武乡龙洞取水，是大多数民众仍能记忆起来的事情，上党区王童村、黎城县南委泉村等都如此说。即使是以鸡代棺也是一种象征，如果缺失，则不成其为仪式，也就会导致不灵验。

民众把昭泽王当成司雨的神灵，对他寄予了极大的希望，通过井井有条的步骤，完成了祈雨活动。昭泽王亦是龙王，值得注意的是，祈雨仪式的第一项是"晒驾"。民众的意图是想通过将神灵曝晒的方式，让神灵感觉到天气的干旱，然后降雨。这也可以理解为民众对神灵的惩罚。祈雨之后往往特别灵验，"从未空过"，这充分说明了它的灵验程度，而这种十分灵验的祈雨仪式，对民间信仰的传播必定会有较大的促进作用。

象征使仪式和意义之间产生了连接，意义便不再孤立，并且使仪式的解释更加合理，也能进一步增强民间信仰的记忆，最终使得民间信仰能够实现泛众与传承。如果象征失位，则仪式与意义之间便产生了断裂，既不能令人信服，也难以记忆。

---

① （清）魏宸拱：《移建海渎龙王庙》，光绪《武乡新志》卷三《金石考》。

（二）规范仪式的意义

民间的祭祀、赛社是敬神的主要仪式，一个神灵吸引人们的力量在于它回馈给祈祷者的灵验和给崇拜者不可思议的好处，而宗教因素必要的功能在于动员社区成员参与建立在共同信仰和共同兴趣上的活动的能力。通过仪式，我们能感受到神灵与民众之间那种紧密的关联性。仪式中的象征性与民众对神灵的功利性需求是同等重要的。因此，人们愿意尽心尽力从事祭祀与赛社活动，甘愿为此尽自己的一份力量。不论是大人还是小孩，都希望通过供奉神灵而达到自己的意愿。

在雍正《山西通志》中记载的赴龙洞取水的故事，就是要保证仪式的完整性与规范性，如果仪式失序，则会导致结果失败。① 笔者在长子县柳树村采访时，也听到过类似的说法。故事的主人公亲自参加过祈雨仪式，就因为自己回头一下，结果雨就没下到柳树村，为此他特别懊恼，也遭到大人的埋怨。（图4-7）

图4-7 采访陈反帝

我只记得那一次，反正是我害怕呢，我就扔了那个旗就往家里跑，主要不是怕下雨，是怕小架老爷的像，要不是那一次记忆比较深刻，扔

---

① 雍正《山西通志》卷一六五《祠庙二》。

下旗就跑了回来了，从今以后再也不去了。有两个老爷在后面追我，结果那雨就下沙河了，就是我回头看了一眼，村上来人说谁叫你看来，早和你说不叫往后看，你光往后看，咱这个雨就没有求到柳树。①

黎城县赵店村为了保证求雨的顺利，还制定了《祈雨条规》，主要有："一，鸣钟人无地亩者不准，三社缺人者不准。二，鸣钟不论几人，与香首挨次跪香，地铺草袋，跪要端正。三，排执事人等，香首拣各人能办者公排，不许众人任意摆调。四，社内祈过一次，再有鸣钟，令其虔诚自祷，社内不管。如能成功，社内献戏谢雨，赏酒饭一桌，每人红一匹。五，在庙不管在外执□，有事许家中更替。执事人数目：取水三人，监香四人，沿庙焚香四人，写对、贴对二人，作早表一人，柳棍二人，踩旱取水点名一人，内巡风二人，总催一人，外巡风三社各一人，抬驾八人，抬香桌二人，赁旗伞佃钱一人，担水三人，沿路焚香二人，伐柳二人，把门二人，锣鼓旗伞共十六人，伴驾二人，供锣一人。守庙买办、余人铺户执香，误事不到，罚大锞一把，跪香一炉。"②

二 仪式强化了民众记忆

仪式是民间信仰传承的重要方式，没有仪式，便没有记忆。记忆包括个人记忆和集体记忆，集体记忆是个人记忆的重要形式，没有集体记忆，个人记忆亦必将逐渐遗忘。经常在一起回忆，使得人们的印象更加深刻。仪式是最好的集体记忆方式。利用在一起交流的机会，人们可以不断强化记忆，甚至回忆起更早先的事情，使得记忆不断传承下去，甚至会产生新的记忆。民众对民间信仰的形塑就是通过不断的仪式、不断增加新的内容而使得民间信仰在区域社会生根发芽的。

在笔者参加的仪式中，记忆最深刻的是上党区二仙奶奶的拾转赛。2015年四月初三，在举行仪式前忽然下起雨来，并且越下越大，当我们抱着试试看的心情到达现场时，雨居然停了。这时有民众就说，下雨是老奶

---

① 陈反帝讲述，采访时间：2016年8月19日，采访地点：长子县柳树口村，任思龙整理。
② 《祈雨条规并序》，光绪二年，《三晋石刻大全·长治市黎城县卷》，三晋出版社2012年版，第338页。

奶不想走，雨停了是老奶奶知道不走不行。可见，民众充分利用这次偶然的下雨事件，进一步对二仙信仰进行了刻画，这也可能成为某次（个）事件的起点，成为民众心中加强二仙奶奶信仰的重要因素。如果仪式中这样的例子越积越多，对神灵形象形塑的资源也就越来越丰富，神灵在民众心中的地位也越来越高，最终成为地域社会具有影响力的信仰。

在仪式中会产生各种各样的矛盾、各种各样的偶然事件，如果缺乏仪式，则这些新的事件便不能出现，甚至使得民间信仰逐渐从民众视野中消失，被大家遗忘。在本书所涉及的浊漳河流域三个信仰中，只有灵湫信仰仍保留传统的仪式，每年三月十九、九月初一的仪式，都会聚集大量的信众参加。他们对三奶奶的信奉非常虔诚、热情，也希冀通过这些方式让更多的人知道并信奉。

昭泽王信仰在历史上传承久远，是因为祈雨仪式。据民众回忆，求雨首先要表达虔诚的心情，心诚则灵。

问：在"文化大革命"之前人们不是来求雨吗？求雨的时候肯定是特别的灵验人们才会到这来求。

答：如果要去取水，要在庙里跪三天呢，24小时不间断地跪。

问：是一个人跪吗？

答：属龙属蛇属马的人才能去跪，其他的人不能参与，其他的属相取水就不行。关于最初取水的时间，这些故事里也有提到，是在宋朝的时候。①

这样的仪式在不同的乡村都会举行，也就形成了不同的记忆。但是无论哪种形式，最终使得昭泽王信仰在区域社会中沉淀与传承下来。

问：就是以前怎么去求雨的，求雨的仪式有什么？

答：这个是我念几句把把玉皇老爷请下来，告诉焦子，让他下雨。昭泽龙王显灵，戴上柳枝编的帽子，光着脚。以前是我老祖，河南这个人看见了也拿了个旗子，也去求雨，也就下雨了。②

---

① ×××讲述，采访时间：2017年3月27日，采访地点：上党区王童村，曾微淋整理。
② ×××讲述，采访时间：2017年3月27日，采访地点：潞城区南马庄村，曾微淋整理。

另外一些人则从仪式的形式上进行了讲述。

问：下面不是有个昭泽王庙吗？我们想了解一下他的故事。

答：讲着，不下雨啦，抬上龙王爷转。

问：谁领着咱去转？

答：村民。

问：谁组织呢？

答：老汉们组织上，年轻们抬上，转到山上。说像，（不清楚），像是空的，把口挡住。然后转回来。去庙里求雨。

问：求雨的时候谁去呢？女的可以吗？

答：男的去求雨，敲锣打鼓，绕着村转。

问：爷爷，你小时候见过求雨没？

答：没有。咱才60几岁啊，小时候听80多的老汉说过。不下雨的话抬上龙王转。(二月二龙抬头的时候)①

有些人的记忆则相对丰富：

问：叔，咱村求雨的时候只是咱村的人去还是周边的村一起去？

答：我这个村求雨的是我这个村去，其他村是其他村，各求各的。

问：那谁带着咱们去呢？

答：以前就是天不下雨啦，村上那个很老的老婆子、老汉到那个焦泽龙王庙，抬上那个老爷，那个木雕老爷，坐着轿，光着脚，绕着转悠。

问：意思是上了年纪的带着咱们去，是吧？

答：对。原先那个山沟里那个老爷都在这供着，熬上那个稀米汤，不吃吃的，不吃葱、酒、蒜，在那里跪着，求雨。

问：那这样持续几天？三天，五天？

---

① ×××讲述，采访时间：2017年3月27日，采访地点：潞城区合室乡余庄村，王凯轲整理。

答：对，三天，五天，六天，七天。有的非得等的天阴了，下雨了，才回来。

问：那有没有灵验的？

答：有。（语气很肯定的）

问：现在咱村这个活动多不多？庙会？

答：七月初五生辰。焦泽王在岚沟，他舅舅家那，放牛来。（拖拉机的声音）也不知道怎么回事，就下了场暴雨，把那个沟淹没了。

问：叔，你能不能给我讲一下咱村以前怎么求雨的？

答：到这个伏天气的时候，农民种地没有雨，就旱着庄稼不行。就来这个焦泽爷庙求雨。焦泽爷这个龙洞就在后面，去那取上雨回来之后，上了香，老天爷就下了。

问：取上水把水放在哪？用什么接的那水？

答：就是那个小玻璃瓶。

答：头上戴着柳条，编的那个帽，光着脚，用那个小蹄拴上，进那个龙洞取上点水，就回来了。拿回的水就倒在这个村里了。

问：谁领着咱去呢？

答：就这个村上烧香的人领着呢。取水的时候必须心好这个，真心真意，去那取水的时候该磕头磕头。取水只能是男的，属龙的才能，属相大的。祈雨男女都行。祈雨就在这个庙里。①

抗战期间，中国共产党带领民众反对迷信，禁止祈雨，才使得这些仪式逐渐停止。没有仪式，民间信仰也处于被遗忘的角落，昭泽王信仰现今虽然有很多庙宇，但已处于无人问津的状态。

另一方面，由于记忆的强化，一些新增的内容反而会被确定下来，长期停留在民众的记忆中。李卫公信仰本来与李氏宗族无关，但由于民间信仰的推动，李氏宗族将李卫公当作祖先崇拜，并在清明进行祭祖，使得周围的民众逐渐相信这件事的真实性。

---

① ×××讲述，采访时间：2017年3月26日，采访地点：黎城县上遥镇西下庄村，王凯轲整理。

问：那您这个村姓李的多吗？

答：姓李的？姓李的多。

问：姓李的多的话他是不是那个李靖李卫公的后裔呀？

答：哦呀，那是沟东咧，你说的那是沟东。

问：嗯，您知道他为什么要立这么一个庙吗？

答：哎呀，这是那沟东的这个姓李的老祖先修的这个庙。

问：就为了纪念这个李靖？

答：嗯。①

民间信仰就是靠这些记忆逐渐在区域社会中产生影响并向外扩散的。

三　缺失的仪式对民间信仰的影响

自 20 世纪三四十年代至 80 年代，由于意识形态的强化，由于唯物主义史观的加强，对民间信仰的态度一度转入低潮。在战争中，庙宇被拆毁，神像被移出，碑刻被挪作他用，民间信仰被作为迷信而加以抑制。很多仪式不再传承，民众渐渐淡忘。90 年代之后，尽管一些庙宇被重修，但碑刻散落他处，仪式缺失，四五十年之间已有两代人过去，在传承之间形成了代沟，传统的仪式已难以为继。民众对民间信仰也逐渐失去兴趣。在当下，可以看到，那些仪式比较完整、丰富的民间信仰还在继续，而缺失仪式的民间信仰则渐渐淡出人们的视线。

在潞城贾城，长期以来流传着八大社转赛的仪式，在 20 世纪 90 年代恢复后，又渐渐进入人们的视线，得到了更多学者、香客、民众的关注。2006 年，举行了"赛社与乐户文化国际学术研讨会"，甚至被学者称为华北第一社火。（图 4-8）这些仪式要经过非常烦琐的过程，全部下来需要六七天时间，要经过下请、请神、供盏、献戏、奏乐、送神等各种仪式。这些规整的仪式表达了民众对祭祀的重视与严肃。届时，还有商贩前来贸

---

① ×××讲述，采访时间：2016 年 8 月 23 日，采访地点：潞城区微子镇神头村，申茜茜整理。为了保持有效性及连贯性，选入时有删节。

易,形成了人山人海的兴旺局面。①

在上党区唐王岭及其周边村落,流传着拾转赛的习俗。这些习俗使民众的记忆不断加强,并且不断创造仪式,增加故事,增加神性,使二仙信仰在此地更为广泛地流传。在民众的推动下,政府又以民俗加以正规化,使得区域的习俗具有了合法的外衣,进一步促进了民间信仰的泛众化。②(图4-9)

图4-8 潞城区贾村社火

图4-9 上党区唐王岭赛社

---

① 此方面的研究成果已较多:朱文广《庙宇·仪式·群体:上党民间信仰研究》,中国社会科学出版社2015年版;李天生、田素兰《赛社祭礼与乐户伎乐》,台湾《民俗曲艺杂志》第115期,1998年;王学锋《民间信仰的社会互动——山西贾村赛社及其戏剧活动》,学生书局2012年版。上述论著都对贾村赛社与庙会的程序、组织、意义进行了梳理与研究。

② 参见笔者完成的国家社科基金项目"明清山西民间信仰与区域社会研究"成果。

"当仪式在一种文化中的意义下降时，人们的迷茫和无助也就随之加强。"① 相对于这些民间信仰而言，昭泽王信仰、李卫公信仰则缺失仪式，使其仅仅保存下来数十座庙宇，虽然是民间信仰泛众化的基础，但并没有深刻的内涵，亦没有仪式的保障，这些信仰也终将退出历史的舞台，消失在人们的记忆里。

---

① [德] 洛蕾斯·辛格霍夫：《我们为什么需要仪式》，刘永强译，中国人民大学出版社2009年版，第12页。

参考文献

一 古代典籍

(后晋) 刘昫：《旧唐书》，中华书局1975年版。
(宋) 欧阳修、宋祁：《新唐书》，中华书局1975年版。
(元) 脱脱：《宋史》，中华书局1985年版。
(明) 宋濂：《元史》，中华书局1976年版。
(清) 张廷玉：《明史》，中华书局1974年版。
《礼记》，王文锦译解，中华书局2001年版。
(清) 徐松：《宋会要辑稿》，中华书局1957年版。
(明) 曹学佺：《石仓历代诗选》，文渊阁四库全书本。
(明) 陈耀文：《天中记》，文渊阁四库全书本。
(清) 胡聘之：《三右石刻丛编》，续修四库全书本。
(明) 洪自诚辑：《新镌绣像列仙传》，傅钢点校，中国社会科学出版社1996年版。

雍正《山西通志》，雍正十二年（1734）刻本。
弘治《潞州志》，中华书局1995年点校版。
顺治《潞安府志》，顺治十六年（1659）刻本。
乾隆《潞安府志》，乾隆三十五年（1770）刻本。。
雍正《泽州府志》，雍正十三年（1735）刻本。
乾隆《沁州志》，乾隆五十年（1785）刻本。
光绪《沁州复续志》，光绪六年（1880）刻本。
雍正《辽州志》，雍正十一年（1733）刻本。

光绪《代州志》，光绪八年（1882）刻本。
康熙《黎城县志》，康熙二十一年（1682）刻本。
光绪《黎城县志》，光绪九年（1883）刻本。
乾隆《陵川县志》，乾隆四十四年（1779）刻本。
康熙《长子县志》，康熙四十四年（1705）刻本。
嘉庆《长子县志》，嘉庆二十一年（1816）刻本。
光绪《长子县志》，光绪八年（1882）刻本。
乾隆《阳城县志》，乾隆二十年（1755）刻本。
同治《阳城县志》，同治十三年（1874）刻本。
乾隆《重修襄垣县志》，乾隆四十七年（1782）刻本。
光绪《襄垣县续志》，光绪六年（1880）刻本。
民国《襄垣县志》，民国十七年（1928）刻本。
雍正《屯留县志》，雍正八年（1730）刻本。
光绪《屯留县志》，光绪十一年（1885）刻本。
道光《壶关县志》，清道光十四年（1834）刻本。
光绪《沁水县志》，光绪七年（1881）刻本。
光绪《长治县志》，光绪二十年（1894）刻本。
民国《平顺县志》，民国三十四年（1945）刻本。
乾隆《凤台县志》，乾隆四十九年（1784）刻本。
光绪《凤台县志》，光绪十八年（1892）刻本。
乾隆《高平县志》，乾隆三十九（1774）刻本。
雍正《沁源县志》，雍正八年（1730）续修刻本。
民国《沁源县志》，民国二十二年（1933）铅印本。
乾隆《武乡县志》，乾隆五十五年（1716）刻本。
光绪《武乡县志》，康熙三十一年（1692）刻本。
康熙《平阳府志》，康熙四十六年（1707）修，《稀见中国地方志汇刊》第6册。
乾隆《新修曲沃县志》，乾隆二十三年（1758）敦好堂全书本。
《昭泽王宝箓本纪》（复印本），现存上党区王童村村民家中。

二 今人著作

顾颉刚：《古史辨》，上海古籍出版社1982年版。

袁珂编著：《中国神话传说词典》，上海辞书出版社1985年版。

刘海燕：《从民间到经典：关羽形象与关羽崇拜的生成、演变史论》，上海三联书店2004年版。

李亦园：《宗教与神话》，广西师范大学出版社2004年版。

宋爱民、宋彦升等：《大铎村志》，内部资料，2004年。

茅盾：《中国神话研究初探》（插图本），上海古籍出版社2005年版。

冯俊杰：《山西神庙剧场》，中华书局2006年版。

段建宏：《戏台与社会：明清山西戏台研究》，中国社会科学出版社2009年版。

高平市文史资料委员会编：《高平炎帝陵》（内部资料），2000年。

高平市炎帝文化研究会：《炎帝古庙》，文物出版社2011年版。

桑爱平主编：《人文襄垣丛书之五·山水名胜》，北京燕山出版社2011年版。

郎丽宁、桑爱平：《人文襄垣丛书之十·故事传说》，北京燕山出版社2011年版。

屈毓华、桑爱平、王新民：《人文襄垣丛书之六·民俗风情》，北京燕山出版社2011年版。

程原生、米东明：《探索发现炎帝陵》，三晋出版社2012年版。

袁珂：《中国神话传说》，世界图书出版社公司2012年版。

王学锋：《民间信仰的社会互动——山西贾村赛社及其戏剧活动》，学生书局2012年版。

姚春敏：《清代华北乡村庙宇与社会组织》，人民出版社2013年版。

张祝平：《传统民间信仰的现代境遇》，暨南大学出版社2014年版。

王建华《山西灾害史》，三晋出版社2014年版。

中共高平市委市政府：《山西高平炎帝故里》，山西人民出版社2014年版。

中国国家博物馆、山西省考古研究所、长治市文物旅游局编著：《浊漳河上游早期文化考古调查报告》，科学出版社 2015 年版。

朱文广：《庙宇·仪式·群体：上党民间信仰研究》，中国社会科学出版社 2015 年版。

马志生主编：《炎帝汇典》，华艺出版社 2009 年版。

马志生主编：《炎帝传说》，三晋出版社 2015 年版。

张利：《上党神灵》，三晋出版社 2015 年版。

郭存亭、赵伟平：《上党社火》，三晋出版社 2015 年版。

宋燕鹏：《南部太行山区祠神信仰研究：618—1368》，中国社会科学出版社 2015 年版。

高平金石志编纂委员会：《高平金石志》，中华书局 2004 年版。

《三晋石刻大全·晋城市高平市卷》，三晋出版社 2011 年版。

《三晋石刻大全·长治市沁源县卷》，三晋出版社 2011 年版。

《三晋石刻大全·晋城市城区卷》，三晋出版社 2012 年版。

《三晋石刻大全·晋城市泽州县卷》，三晋出版社 2012 年版。

《三晋石刻大全·晋城市阳城县卷》，三晋出版社 2012 年版。

《三晋石刻大全·晋城市沁水县卷》，三晋出版社 2012 年版。

《三晋石刻大全·长治市武乡县卷》，三晋出版社 2012 年版。

《三晋石刻大全·长治市长治县卷》，三晋出版社 2012 年版。

《三晋石刻大全·长治市黎城县卷》，三晋出版社 2012 年版。

《三晋石刻大全·长治市屯留县卷》，三晋出版社 2012 年版。

《三晋石刻大全·晋城市陵川县卷》，三晋出版社 2013 年版。

《三晋石刻大全·长治市长子县卷》，三晋出版社 2013 年版。

《三晋石刻大全·长治市平顺县卷》，三晋出版社 2013 年版。

樊秋宝主编：《泽州碑刻大全》，中华书局 2013 年版。

［法］涂尔干：《宗教生活的基本形式》，渠东、汲喆译，上海人民出版社 1999 年版。

［英］弗雷泽：《金枝》，徐育新、汪培基、张泽石译，新世界出版社 2006 年版。

［德］洛蕾斯·辛格霍夫：《我们为什么需要仪式》，刘永强译，中国人民大学出版社 2009 年版。

三　学术论文

龚维英：《炎帝神农氏形成过程》，《华南师范大学学报》1984 年第 2 期。

田成有：《中国农村宗族问题与现代法在农村的命运》，《法律科学》1996 年第 2 期。

林河：《炎帝出生地的文化考析》，《民族艺术》1997 年第 2 期。

李天生、田素兰：《赛社祭礼与乐户伎乐》，台湾《民俗曲艺杂志》第 115 期，1998 年。

冯尔康：《十八世纪以来中国家族的现代转向》，《天津师范大学学报》（社会科学版）2002 年第 1 期。

李洪甫：《西游故事的地望解析》，《淮河工学院学报》2004 年第 3 期。

兰林友：《论华北宗族的典型特征》，《中央民族大学学报》2004 年第 1 期。

刘毓庆、柳杨：《晋东南炎帝史迹及其对华夏文明探源的意义》，《晋阳学刊》2005 年第 4 期。

侯文宜：《晋东南一带炎帝历史传说、民俗文化考释》，《晋阳学刊》2005 年第 5 期。

周及徐：《"炎帝神农说"辨析》，《四川师范大学学报》2006 年第 6 期。

田兆元、明亮：《论炎帝称谓的诸种模式与两汉文化逻辑》，《华东师范大学学报》2007 年第 3 期。

段友文、刘彦：《晋东南成汤崇拜的巫觋文化意蕴考论》，《中国文化研究》2008 年秋之卷。

乔素玲、黄国信：《中国宗族研究：从社会人类学到社会历史学的转向》，《社会学研究》2009 年第 4 期。

范正生：《"精卫填海"神话考释》，《泰山学院学报》2010 年第 1 期。

王尧：《灵验传说：事件的选择、叙述与传播》，《民间文化论坛》2010 年第 2 期。

王建堂：《"桑林祷雨"的生成机制及社会心理析》，《长治学院学报》2013年第3期。

卫崇文：《从焚巫尪看商汤祷雨的文化意蕴》，《长治学院学报》2013年第3期。

孙琳：《精卫填海的多维文化解读》，《长春理工大学学报》2013年第3期。

刘毅、周文杰、曹敬庄：《炎帝陵史籍之研究》，《湖南社会科学》2014年第2期。

宋燕鹏：《晋东南二仙信仰在唐宋时期的兴起——以碑刻资料为中心》，《社会科学战线》2014年第11期。

林美茂：《神话精卫填海之女娃游于东海文化原型考略》，《中国人民大学学报》2014年第1期。

宋燕鹏、何栋斌：《宋元时期晋东南三嵕山神信仰的兴起与传播》，《山西档案》2015年第1期。

沈文凡、孙立娇：《李靖神化的初步演变及其原因》，《西华大学学报》2015年第5期。

王崇恩、段恩泽：《晋东南地区羿神信仰源起及神庙分布考》，《山西档案》2015年第6期。

王潞伟、姚春敏：《精英的尴尬与草根的狂热：多元视野下的上党三嵕信仰研究》，《民间文化论坛》2016年第5期。

侯峰峰：《晋东南李卫公信仰初探：以方志和传说为中心的考察》，《地方文化研究》2016年第5期。

姚佳昌：《晋东南地区炎帝古庙调查记》，《大众考古》2016年第4期。

陈兴贵：《当代中国农村汉族宗族复兴原因探析——以重庆永川松溉罗氏宗族为例》，《天府新论》2016年第2期。

易素梅：《家事与庙事：九至十四世纪二仙信仰中的女性活动》，《历史研究》2017年第5期。

白仁杰：《国家正祀与民间信仰——以商汤信仰为例》，《绵阳师范学院学报》2017年第4期。

王守恩：《传统社会中的村落神庙联盟与村际关系》，《山西师大学报》2017年第1期。

段建宏、樊慧慧、张慧仙：《晋东南二仙形象的演变与功能叠加》，《中国地方志》2017年第7期。

四　学位论文

孙轶旻：《李靖形象流变研究》，硕士学位论文，上海师范大学，2005年。

赵立芝：《山西壶关二仙信仰祭祀仪式研究》，硕士学位论文，山西师范大学，2012年。

乔苗苗：《上党地区三嵕山羿神话传承流变考》，硕士学位论文，山西大学，2012年。

申轶群：《山西壶关二仙崇拜与赛社演剧研究》，硕士学位论文，山西师范大学，2015年。

杜妮：《晋东南三嵕信仰与民间社会研究》硕士学位论文，山西大学，2015年。

李婷：《后羿：从民族神话中的射神到地方信俗中的水神》，硕士学位论文，温州大学，2017年。

张蕾：《阳城县商汤信仰及其社会功能研究》，硕士学位论文，山西师范大学，2017年。

侯峰峰：《晋东南李卫公信仰与地域社会变迁研究——以泽州县为主的考察》，硕士学位论文，山西大学，2017年。

五　碑刻

（宋）张孝先：《潞州潞城县三池东九天圣母仙乡之碑》（拓片），建中靖国元年，现存平顺县东河村九天圣母庙。

（宋）张山：《重修灵显王庙记》（照片），绍圣元年，现存潞城区神头村。

（金）王陛臣：《重修灵泽王庙记》（照片），太和二年，现存潞城区神头村。

（元）王谦亨：《重修灵湫庙记》（照片），皇庆元年，现存长子县房头村灵湫庙。

（元）李桂：《灵泽王庙重修基阶记》（拓片），延祐四年，现存壶关县李掌村灵泽王庙。

（元）宋士常：《创建神农太子祠并子孙殿志》（照片），至正二十一年，现存高平市神农镇中庙村炎帝中庙。

（明）米巨川：《重修灵泽王庙记》（照片），洪武七年，现存襄垣县北里信村灵泽王庙。

（明）丁彦信：《重修灵湫庙记》（照片），永乐十八年，现存长子县房头村灵湫庙。

（明）：《无题碑》（照片），宣德元年，现存高平市邢村炎帝庙。

（明）易鹗：《敕赐灵湫祭祀告文》（照片），成化十四年，现存长子县房头村灵湫庙。

（明）侯勋：《古黎重修昭泽龙王碑铭记》（照片），正德六年，现存黎城县上马岩村昭泽王庙。

（明）张振纪：《迁修炎帝神农庙碑记》（照片），嘉靖四年，现存高平市河西镇焦河村炎帝庙。

（明）王密：《重修灵湫庙记》（照片），嘉靖九年，现存长子县房头村灵湫庙。

（明）王宗登：《重修昭泽王庙记》（拓片），嘉靖三十一年，现存潞州区捉马村昭泽王庙。

（明）彭嘉庆：《重建晋普山行祠记》（照片），嘉靖四十二年，现存泽州县南洼村李卫公庙。

（明）《累年重修庙记》（照片），嘉靖四十三年，现存潞城区余庄村昭泽王庙。

（明）翟师孔：《重修灵泽王庙记》（照片），万历四十六年，现存襄垣县太平村灵泽王庙。

（明）申士杰：《重修炎帝庙太子殿碑记》（照片），崇祯四年，现存高平市庄里村炎帝陵。

（清）缺：《重修金妆神像补修殿宇兼创奇楼碑记》（照片），顺治六年，现存高平市庄里村炎帝陵。

（清）缺：《三甲北村补修炎帝庙碑》（照片），顺治十八年，现存高平市三甲北村炎帝庙。

（清）赵介：《增修炎帝庙记》（照片），康熙二十年，现存高平市赤祥村炎帝庙。

（清）史守：《增修炎帝庙舞楼记》（照片），乾隆十八年，现存高平市徘北村炎帝庙。

（清）《禁碑记》（照片），乾隆四十年，现存高平市郝家庄村观音庙。

（清）张宗、孔希圣：《创立灵泽王庙碑记》（照片），乾隆五十年，现存平顺县老申峧村灵泽庙。

（清）刘映榴：《重修炎帝庙碑记》（照片），嘉庆元年，现存高平市北诗村神农庙。

（清）王良卿：《创修碑记》（照片），嘉庆七年，现存平顺县大铎村关帝庙。

（清）陈文珍：《重修后土殿关圣殿及灵贶王灵泽王殿碑记》（拓片），嘉庆二十一年，现存平顺县东河村九天圣母庙。

（清）秦銮：《重修炎帝庙碑记》（照片），道光七年，现存高平市桥北村炎帝庙。

（清）申履中：《补修神殿暨陪房碑记》（照片），咸丰元年，现存高平市故关村炎帝行宫。

（清）申履中：《重修西陪房碑记》（照片），咸丰八年，现存高平市庄里村炎帝陵。

（清）《修影像粧牌匾油画殿宇碑记》（拓片），同治二年，现存阳城县匠礼村。

（清）□□翁老乩：《炎帝古刹重修碑记》（照片），同治五年，现存长子县色头村炎帝庙。

（清）祁恂：《重修炎帝庙碑记》（照片），光绪九年，现存高平市乔里村炎帝庙。

（民国）韩锦州：《补修关帝庙碑文序》（照片），洪宪元年，现存高平市小会沟村关帝庙。

（民国）齐克振：《重修炎帝庙各神殿禅房并补修桥梁扩大舞楼彩绘工竣及叙述款项来源碑记》（照片），民国三十年，现存高平市庄里村炎帝陵。

后　　记

　　我对民间信仰的关注大概已持续了 17 年之久，从 2008 年博士毕业之后真正开始研究，至今也已逾 10 年。这是一段从青涩懵懂到渐至熟稔的经历。2009 年，山西省社科联课题"明清晋东南宗教与民间信仰研究"立项后，我周围开始凝聚起小小的学术团队。2011 年，国家社科基金项目"明清山西民间信仰与区域社会研究"立项后，围绕这一项目基本形成了包括朱文广、赵艳霞、李荣、陈华在内的稳定的学术团队。完成项目过程非常艰难，痛苦远远超过了我们初获项目时的兴奋。随着对民间信仰研究的过去、现状、意义、方法等一系列问题认识的加深，我们不得不一次次重新思考当初的设想，真可谓一波三折。然而，一路磕磕绊绊走来，到今天我竟觉得有点庆幸，因为如果不如此，我可能还在早先的学术理路中游荡，固步自封。

　　民间信仰自 20 世纪三四十年代以来，逐渐遭到冷遇。改革开放之后，在解放思想大背景下，学术界才逐渐意识到长期以来我们的偏颇。民间信仰中确实有与现代科学不同的地方，但并不一定要上升到水火不容的角度来理解。

　　其实，民间信仰作为上层建筑的一部分，作为思想文化的产物，自有其存在的合理性。它凝聚了历史上不同层面的思想文化，成为民众认识世界、理解自身的重要方式。它承载着民间社会博大精深的文化元素，正统思想、民间意识、风俗民情、风土地理、天文舆地等均集中于此。研究民间信仰有利于分析中国民众的思想根源，有利于分析传统社会的深层构成，有利于理解当下民众的思想意识。这是我们在项目进行了两年之后才逐渐认识到的。

研究民间信仰绝不能只盯着书籍文献。如果这样，我们的理解就仅仅限于文字层面，并不能真正深入民众思想之中，进而去理解他们的思想。于是，我们开始了大量的田野调查。随着调查的一步步深入，我们也有了一次次的感动，对民间信仰的认识则越来越深刻，也逐渐能从民众的角度思考问题，对问题的理解也更趋近于事实本身。

　　民众为什么会有信仰？这是困惑我们头脑的基本出发点。难道真的是欺骗、愚昧吗？不。之所以会有这样的认识，是因为我们带着理论预设去看待民间信仰。我们首先将自己看作是有知识、有文化的、比民众水平更高的知识持有者。我们高高在上，俯视一切，故而将那些来自于民间社会的文化都当成愚昧的存在。事实上，民众是理性的，他们的选择绝不是无中生有，无的放矢。中国民众的信仰极具功利性质，如果信仰真的没有给他们带来一点益处，那民间信仰就绝不会长久地存在。再从另外一个角度讲，所谓的理论和意识事实上都源于民间。我们所掌握的高水平知识和文化其实都是千百年来民间社会经验的积累和提升。如果以这样一种眼光看待民间信仰，我们便会得出不同的结论。

　　民众之所以有信仰，是因为他们首先要解决基本的生存、生活问题，在传统社会，这些是困扰他们最根本的问题。如何使种族能够顺利繁衍下去？这就形成了生殖崇拜，具有相关功能的生育神信仰便由此产生。如何度过旱灾？这就形成了雨神崇拜。龙王、玉皇甚至绝大多数神灵均具有降雨的功能。如何解决在生活中遇到的困难？这就形成了保护神崇拜，大大小小传统村落的关帝阁、玄帝阁即是明证。如何排解遇到不公正对待时的冤屈？于是遍布村落的庙宇便成为人们诉说心灵之苦、希望得到神助的场所。在医学、科技、信息高度发达的今天，很多现象尚且难以解释，遑论从前？同时，如果我们深入分析，就会发现，民间信仰的产生与持续都具有深刻的社会根源、思想根源。这难道不需要我们进行强烈反思吗？仅仅用愚昧、顽固等字眼加于其身，强行民众不再信仰就完成我们的任务了吗？

　　事实上，如果认为民众通过信仰将自己的命运完全交给神灵，进而界定他们是愚昧的，那么我们便错了。因为，民众固有的逻辑是"尽人事，听天命"。比如，遇到旱灾，他们会积极寻求解决方法，在实在无能为力的情况下，才去祈求上天降雨。在多数情况下，他们也许并不真的相信神灵会"灵"，但终归多了一条解决问题的途径。至于是否真的能降雨，民众并不抱太多期望。如果对此仍不可理解，那么我们可以试问，假如我们生活在那个时代，我们能做什么？坐以待毙似乎还不如求雨。当然，如果凭自己的力量度过危机，但民众仍会去感谢神灵，希冀下次再能得到神灵眷顾。这本身也是对美好生活的一种期待。

在传统社会，基层社会治理主要靠民间社会力量。如何能够在基层形成强有力的保障，除了现实中的精英外，还需要民众的精神依托，他们将目光转向神灵，从而在社会中形成阴阳互补的态势，使得民间治理形成多元化的态势。"举头三尺有神明""不做亏心事，不怕鬼敲门"等等这些俗成理念对民众形成了约束，民间信仰治理社会的方式就是让人常存敬畏之心。一个社会如果令民众无畏，那是相当可怕的。现代社会法制的力量再大，司法人员再多，也不可能遍及每个角落，不可能解决所有难题，这就使有些人肆无忌惮，胡作非为。"法网恢恢，疏而不漏"只是一种愿望，民众寄希望于神灵不仅有理论基础，而且有现实经验，更有事实论据。当这些"事实"摆在他们面前时，会使那些作恶者有所忌惮，使善良者更加笃信。

在传统社会中，民众认为庙宇是村落的风脉所在，庙宇不修，村落难续，修庙与村落的命运密切相关，为之如钱出力，在所不惜，故而庙宇起着凝聚人心的作用。而今的乡村已经表现出大量问题，尽管国家出台了一些政策，但民众对其长远功效却持怀疑态度。乡村振兴是一个值得探讨的大问题。

话题似乎扯远了，但这些都是我们这几年研究的心得，是我们对传统社会民间信仰的认识。我们仍然希望地方政府、民众能够在这些成果中汲取营养，权作借鉴。

本书的撰写得到了广大朋友、同仁，尤其是学生的帮助。自2014年起，李伟老师、杨宝老师和我负责了"暑期社会实践小组·浊漳河民间信仰分队"，雷玉平、景晨雪、李静、樊慧慧等同学首先加入我们团队，并取得了优异成绩。五年来，每年都有新面孔加入这项工作中来。一项项的学生系级课题、一篇篇习作论文、一幅幅碑刻拓片、一段段录音采访都成为我们研究的重要资料。

燕鹏兄是我多年来的挚友，本书的出版也得益于他的支持，在此深表谢意！

"浊漳流馨"系列丛书是我校"1331 工程"建设的重要成果。学校相关部门、领导一直关注着本书的进度，在本书出版之际，也深深感谢他们的厚爱！

2019 年 4 月 1 日于长治学院